Colección LECTURAS DE ESPAÑOL

Lecturas de Español son historias interesantes, breves y llenas de información sobre la lengua y la cultura de España. Con ellas puedes divertirte y al mismo tiempo aumentar tus conocimientos. Existen seis niveles de lecturas (elemental I y II, intermedio I y II y superior I y II), así que te resultará fácil seleccionar una historia adecuada para ti.

En *Lecturas de Español* encontrarás:
- – temas e historias variadas y originales,
- – notas de cultura y vocabulario,
- – ejercicios interesantes sobre la gramática y las notas de cada lectura,
- – la posibilidad de compartir tu lectura con otros estudiantes.

NIVEL INTERMEDIO - II

Destino Bogotá

Coordinadores de la colección:
Abel A. Murcia Soriano (Instituto Cervantes. Varsovia)
José Luis Ocasar Ariza (Universidad Complutense de Madrid)

Autor del texto:
Jan Peter Nauta

Explotación didáctica:
Abel A. Murcia Soriano
Jan Peter Nauta
José Luis Ocasar Ariza

Maquetación e ilustraciones:
Raúl de Frutos Pariente

Diseño de portada:
Carlos Casado Osuna

Diseño de la colección:
Antonio Arias Manjarín

© Editorial Edinumen
© Jan Peter Nauta
© Abel A. Murcia Soriano
© José Luis Ocasar Ariza
ISBN-13: 978-84-95986-89-4
ISBN-10: 84-95986-89-2
Depósito Legal: M-13243-2007

Editorial Edinumen
José Celestino Mutis, 4 - Madrid (España)
Tlfs.: 91 308 51 42
Fax: 91 319 93 09
E-mail: edinumen@edinumen.es

Imprime: Gráficas Glodami. Coslada (Madrid)

Destino Bogotá

ANTES DE EMPEZAR A LEER

1. La historia que vas a leer comienza en Valladolid, una ciudad de Castilla-León. ¿Sabes qué aspecto tiene el mapa político de España? ¿Conoces el nombre de las comunidades autónomas que la componen? Relaciona el número del mapa con su comunidad autónoma correspondiente.

- 1. _____
- 2. _____
- 3. _____
- 4. _____
- 5. _____
- 6. _____
- 7. _____

- País Vasco
- Madrid
- Comunidad Valenciana
- Andalucía
- Aragón
- Cataluña
- Castilla-León

2. Sin embargo, el protagonista y su hija van a vivir a Bogotá, la capital de Colombia. Di si son Verdaderas o Falsas las siguientes afirmaciones:

1. Colombia es un país con costa.   □ V / F □
2. Tiene menos de 500 000 Km².   □ V / F □
3. Su primer presidente fue Cristóbal Colón.   □ V / F □
4. Su moneda es el peso.   □ V / F □
5. Su bandera es completamente verde.   □ V / F □
6. Su escritor más famoso es Gabriel García Márquez.   □ V / F □

¿Por qué no buscas información sobre Colombia en una enciclopedia?

3. El título de esta novela es *Destino Bogotá*; mira la fotografía de la portada y vamos a intentar adivinar el futuro. ¿Qué crees que va a ocurrir? ¿Quién quiere viajar a Bogotá y por qué? Escoge una de las posibilidades sobre lo que puede pasar.

¿QUIÉN?	¿POR QUÉ?	¿QUÉ VA A PASAR?
□1. Una pareja de desconocidos.	□1. Escapar de una venganza.	□1. Recordarán el pasado.
□2. Un padre y una hija.	□2. Casarse e iniciar una nueva vida.	□2. Encontrarán un diamante.
□3. Dos policías secretos.	□3. Explorar la selva.	□3. Continuarán viajando.
□4. Un equipo de fútbol.	□4. Matar a alguien.	□4. Van a tener problemas con la policía.
□5. Una niña.	□5. Hacer un viaje romántico.	□5. Alguien va a morir.

4. Para realizar un viaje es necesario un mínimo de organización. Enumera en diez puntos los pasos necesarios en tu opinión para preparar un viaje al extranjero:

1. _____   6. _____

2. _____   7. _____

3. _____   8. _____

4. _____   9. _____

5. _____   10. _____

Compara ahora con tus compañeros la lista y negociad entre todos una única lista definitiva en la que haya el mayor grado de acuerdo posible.

5. A veces cuando viajamos compramos recuerdos de los lugares a los que vamos. En el título de esta lectura aparecen dos lugares relacionados con el mundo hispano, España y Bogotá, la capital de Colombia. Haz una lista de todos los países de habla hispana y busca algo típico que podrías comprar como recuerdo si viajaras a él. Compara tu lista con la de tus compañeros.

1. España _____ — _____

2. Colombia _____ — _____

3. _____ — _____

4. _____ — _____

5. _____ — _____

6. _____ — _____

7. _____ – _____

8. _____ – _____

9. _____ – _____

10. _____ – _____

11. _____ – _____

12. _____ – _____

13. _____ – _____

14. _____ – _____

15. _____ – _____

16. _____ – _____

17. _____ – _____

18. _____ – _____

19. _____ – _____

20. _____ – _____

21. _____ – _____

Capítulo 1
Estación de Renfe "Valladolid-Campo Grande", 08.15 h.

1

Hoy es un gran día en mi vida.

También podría decir: hoy es *el* gran día de mi vida.

Pero, bien mirado y mejor dicho, hoy también es *otro* gran día de mi vida, porque en mi vida ha habido varios grandes días: para empezar, el día que nací (no me acuerdo, pero mi madre dice que fue un gran día, además de eso, yo nací un 21 de marzo, principio de la primavera, la mejor estación del año). Otro gran día fue el día que terminé la universidad, o el día que fui a vivir al extranjero, el día que me casé, el día que nació mi hija... Muchos días grandes...

También podría decir que hoy es el *primer* gran día de los muchos grandes días que me esperan al final del viaje que mi hija Laura y yo hacemos hoy.

Y, sobre todo, hoy es un gran día, un día grandísimo, en la vida de Laura, una vida todavía corta pero que ya tiene varios grandes días.

Resumiendo: hay muchas maneras distintas de decirlo, pero en el fondo de la cuestión todas las palabras y todas las frases significan lo mismo: hoy, mi hija Laura y yo salimos de esta ciudad, **Valladolid**, capital de Castilla y León, España, donde Laura ha vivido toda su vida y yo la mayor parte de la mía, para irnos a Bogotá, Colombia, donde vamos a vivir el resto de

Valladolid: ciudad situada a unos 200 kilómetros al noroeste de Madrid.

nuestra vida. Bueno, al menos, yo pienso vivir allí el resto de mi vida. Con Olinda, la mujer colombiana con la que me casaré dentro de una semana.

Laura, cuando sea mayor, decidirá ella misma dónde quiere vivir: en Bogotá, en Valladolid, o quizás en Nueva York, París, Madrid, Berlín, El Cairo, Tokyo, o en alguna otra de las muchas y preciosas ciudades de este hermoso planeta Tierra.

2

Son las ocho y cuarto de la mañana y hace frío en la estación de **Renfe**. Hoy es viernes, seis de noviembre, en Valladolid se nota que el invierno ya está cerca. Dentro de media hora, a las 08.46 h., saldrá nuestro tren para Madrid. He hecho este viaje muchas veces, pero siempre con un billete de ida y vuelta. Hoy no: nuestros billetes son sólo de ida. ¿Regresaremos algún día?

De todas las personas que conocemos en Valladolid, cinco han venido a despedirse de nosotros: mi madre, mi socio Tomás y su mujer Isabel, y Elsa, nuestra mejor amiga, con su hijo Jordi, el mejor amigo de Laura.

Mi madre está triste porque ya no podrá ver a su nieta los fines de semana, como hasta ahora.

– Y **con lo que me gusta** hablar con Laura, ella es tan inteligente y tan buena conversadora –me dijo mi madre un día cuando estábamos hablando de nuestra emigración.

– Pero podéis seguir hablando –le dije–, sólo que tendrá que ser **chateando**, a través del **messenger**...

RENFE: compañía española de transporte por ferrocarril, o sea, el tren. La estación de Valladolid se llama *Campo Grande* porque enfrente de la estación hay un parque de ese nombre.

con lo que me gusta: indica que le gusta mucho.

chatear: es hablar por Internet.
messenger: es normal en español el uso de esta palabra inglesa.

Por eso le compré un ordenador con cámara web y micrófono y altavoces y le enseñé cómo funciona el *messenger*, pero una charla virtual no es lo mismo que una charla real. De todas formas, podrá llamar por teléfono vía Internet, ya es algo casi habitual, no cuesta mucho dinero y entonces las fronteras son menos fronteras...

Por supuesto, mi madre también está triste porque se marcha su único hijo, aunque ella sabe que todos tenemos nuestra propia vida.

– Es tu vida, Martín, y la de Laura, por supuesto, no os vais a quedar eternamente en este pueblo sólo por mí –me dijo cuando le conté, hace cuatro meses, que me iba a casar con Olinda y que Laura y yo pensábamos irnos a vivir a Colombia.

Mi madre siempre dice *este pueblo* cuando habla de Valladolid, que no es precisamente un pueblo sino una ciudad de unos 350 000 habitantes... Pero mi madre es así, ella nació en París, en 1940, y desde entonces cualquier ciudad le parece pequeña.

También han venido a despedirse Tomás e Isabel. Tomás ha sido mi socio en la **consultoría** Pisuerga **S.L.**, una empresa que fundamos él y yo hace aproximadamente diez años. Ahora que me voy de Valladolid, vamos a montar otra empresa: *Pisuerga Import & Export*, dedicada a exportar productos españoles a Colombia, y más tarde quizás a otros países latinoamericanos, y a importar productos colombianos en España. De esta manera, Tomás y yo estaremos en contacto casi a diario, por correo electrónico y fax sobre todo, pero también por teléfono. Y alguna vez, me imagino, si los negocios van bien, Tomás e Isabel vendrán a vernos a Bogotá.

consultoria: una empresa que aconseja a otras empresas en la administración, el márketing, etc.

S.L.: Sociedad Limitada, una de las formas jurídicas que puede tener una empresa.

Jordi: nombre catalán pero también usado algunas veces en el resto de España.

También ha venido, como es lógico, nuestra amiga Elsa. Elsa es abogada. Pero, sobre todo, es una gran amiga. Su hijo **Jordi** tiene la misma edad que Laura, nueve años. Viven muy cerca de nuestra casa. He dicho: *viven*. Pero: ¿viven? (¿Ahora?) ¿Vivían? (¿En pasado?) No sé cómo decirlo: ellos siguen viviendo en la misma casa, pero nosotros ya no vivimos en esa calle de nombre tan bonito, la *Calle de los Tres Amigos*. Hemos vendido nuestra casa. Ahora, nuestra casa está al otro lado del Océano Atlántico, en una ciudad que se llama Bogotá, en un barrio que se llama *Los Geranios*, un nombre muy bonito también. Antes, Laura y yo decíamos que vivíamos en la *Calle de los Dos Amigos* (ella y yo), ahora vamos a vivir en una calle que tiene otro nombre, pero para nosotros va a ser la *Calle de los Tres Amigos*: Laura, Olinda y yo.

3

Son las 08.46 h. Nos besamos, nos abrazamos, prometemos escribir y llamar, lloramos, nos besamos otra vez, subimos al tren, saludamos desde la puerta, corremos a la ventanilla y saludamos otra vez, lloramos más, el tren arranca y en menos de un minuto toda una vida desaparece al otro lado de la ventanilla. Ha empezado nuestro viaje hacia una nueva vida. Laura y yo nos sentamos, nos miramos y no decimos nada. Después vemos cómo el tren sale del centro de Valladolid, va cruzando las afueras y entra en los campos que rodean la ciudad. Dentro de dos horas y media estaremos en Madrid, primera etapa de nuestro viaje. Tengo poco más de dos horas para contar por qué, cómo, cuándo, quién…

4

Son las 09.54 h. y el tren hace parada en la estación de **Ávila**, una de las ciudades más bonitas de España. Hace poco más de medio año, visité Ávila con Olinda... Ella es una persona muy importante para mí. Es la persona más importante del mundo para mí. Bueno, voy a expresarme mejor: es una de las dos personas más importantes del mundo. Mi hija Laura y Olinda. Bueno, pero mi madre también es importante, claro, y Tomás e Isabel... Y Elsa y Jordi... Siempre hay más personas importantes de las que uno cree, esa es la esperanza de las personas en tiempos oscuros.

El hecho es que, a causa de esta persona, Laura y yo estamos aquí, en este tren, con destino a Madrid, y luego al aeropuerto... Y después estaremos en Colombia con la persona más importante de entre las personas más importantes del mundo.

Bueno, pues, como ya os he dicho, su nombre es Olinda. Sus apellidos son Poveda Hoyos. Olinda Poveda Hoyos. Un nombre preciso para la persona precisa. Todos tenemos el nombre que nos corresponde, el nombre que merecemos. Yo, por ejemplo, me llamo Martín y ese nombre es el único que yo puedo llevar. No sería feliz con otro nombre. ¿Y mis apellidos? Samaniego Higuera. Los apellidos exactos y precisos para mí. Yo no soy un **Pérez**, no soy un **García**, no soy un no sé qué..., simplemente soy Martín Samaniego Higuera y así debe ser.

Me gusta el nombre de Olinda. Me gusta su apellido. Me gusta Olinda. Olinda me gusta con su nombre y con sus apellidos. También me gustaría Olinda con otro nombre, quizás con uno de esos nombres que tienen muchas mujeres colombianas y que en España no conocemos o que no usamos: Agripina, Daissy,

Ávila: ciudad castellana, capital de la provincia del mismo nombre.

Pérez y García: son apellidos muy frecuentes en España.

Delfina, Fanny, Herlinda, Marleny, Ligia, Luz Marina, Nohora, Nilda, Rosalba, Yomaira, Waldina...

Poveda Hoyos para mí también son unos apellidos muy bonitos. Muy *lindos*, dicen en Colombia. Olinda, dentro de una semana, será mi mujer. Los colombianos no dicen: mi *mujer*. Mi *esposa*, dicen ellos. Es curioso, tanto los españoles como los colombianos hablamos español, pero a veces utilizamos palabras diferentes y expresiones distintas.

Olinda tiene 42 años, la misma edad que yo. Trabaja en el Museo de Arte Moderno de Bogotá, es conservadora de arte. ¿Queréis que os cuente cómo nos conocimos Olinda y yo?

Bueno, pues, hace poco más de un año, en septiembre, Olinda hizo un viaje por España para visitar varios museos españoles. Quería organizar una exposición de arte moderno de Colombia en esos museos. Estuvo en distintos lugares y entre otros en el **Museo Patio Herreriano** de Valladolid, un museo bastante nuevo y muy bonito. El día que fue al museo, a mediodía salió a comer con Rosa Menéndez, la responsable de relaciones con la prensa del museo. Yo a Rosa la conozco muy bien, porque estudiamos juntos en la Universidad y nos vemos con cierta regularidad. Bueno, pues, el día que Olinda estaba en Valladolid... Pero no, eso ya lo contaré en otro momento, por ahora es suficiente decir que nos enamoramos y que por eso Laura y yo estamos ahora en este tren, rumbo a Madrid y después a Bogotá.

Hemos salido de Ávila, ya hemos pasado **El Escorial** y a lo lejos se ve Madrid. Ya vamos a llegar a la estación de Madrid-Chamartín. Final de la primera etapa de nuestro viaje.

Museo Patio Herreriano: abierto al público en 2002, tiene una colección importante de arte moderno de Castilla y León.

El Escorial: pueblo cerca de Madrid donde se encuentra el famoso Monasterio de El Escorial, construido por Felipe II.

Ya vamos a llegar a la estación de Madrid-Chamartín. Final de la primera etapa de nuestro viaje.

Capítulo 2

De la Estación de Madrid-Chamartín al Aeropuerto de Barajas, 11.28 h.

1

Madrid-Chamartín: una de las grandes estaciones de tren de Madrid, donde llegan y salen los trenes del norte de España.

Son las 11.28 h., el tren ha llegado en punto a **Madrid-Chamartín**. Nos bajamos del tren y en el andén cogemos un carrito para llevar las maletas, aunque la verdad es que no llevamos mucho equipaje. Casi todo lo que queríamos llevarnos ya lo enviamos hace un mes con una empresa especializada en ese tipo de transportes. Fueron 18 cajas. Toda una vida en 18 cajas...

Subimos la escalera mecánica que lleva al hall de la estación. La estación es grande y hay todo tipo de tiendas, hay bancos, un restaurante, cafeterías... y huele a café. Me gusta el café, me gusta muchísimo, me encanta. Tomo mucho café. Naturalmente, es una de las cosas que también haré en Colombia, porque el café colombiano es uno de los mejores del mundo. ¿Quién no ha oído hablar de la famosa marca *Café de Colombia*?

Le digo a Laura:

– ¿Qué te parece si tomamos algo aquí antes de irnos al aeropuerto? ¿No te apetece un refresco?

– No, papi, no me apetece y tú tomas demasiado café, lo sabes muy bien. ¿Por qué no esperas hasta que lleguemos a Colombia? ¿Cómo llamaban al café en Colombia? No me acuerdo.

– Tinto.

– Ah sí, tinto... Qué raro..., aquí el tinto es un vino.

– Así es el mundo, Laura, hay muchas cosas que no son iguales en todos los sitios, aunque hay otras muchas que sí son iguales, cada vez más. Bueno, eso ya lo viste cuando fuimos a Colombia, ¿no?

– Sí, pero muchas veces las cosas no son tan distintas, simplemente son *diferentes*.

Laura a veces dice cosas que no entiendo, yo siempre creía que *distinto* y *diferente* significaban lo mismo, pero ahora comprendo que son palabras *diferentes*... o *distintas*...

o sea: expresión que introduce una conclusión.

– **O sea**, vamos directamente al aeropuerto, ¿verdad, *sheriff*?

– De acuerdo, *cowboy*.

Laura y yo muchas veces nos llamamos *sheriff* y *cowboy*. Es que a Laura le gustan mucho las películas del oeste, tipo Clint Eastwood de hace 30 ó 40 años. Una vez, hace dos años o así, vio una película con un *sheriff* que se parecía mucho a mí, no recuerdo cómo se llamaba el actor, seguramente era uno de los miles de actores de Hollywood que una vez cada 3 años actúan en alguna película de tercera categoría, pero bueno, no todos podemos ser Leonardo di Caprio y menos a mi edad, eso está claro, aunque no soy tan viejo, 42 años no es mala edad, digo yo, perfectamente podría ser actor, pero el hecho es que no soy actor, me dedico a los negocios y ahora soy también emigrante, no estoy en los estudios de **MGM** sino en la estación de Chamartín de Madrid y mi hija no quiere *Coca Cola*,

MGM: estudios de cine de Metro Goldwyn Meyer.

esa es la realidad, el café tendrá que esperar, qué le vamos a hacer...

– Vamos, *sheriff,* allí están los taxis.

2

Barajas: nombre del pueblo, cerca de Madrid, donde está el aeropuerto de Madrid-Barajas.

Barajas, el aeropuerto de Madrid, no está muy lejos de la estación de Madrid-Chamartín, apenas a unos 10 ó 15 minutos en taxi. Afortunadamente, no es necesario cruzar la ciudad, podemos ir tranquilamente por la autopista. Madrid es una ciudad grande, con más de cinco millones de habitantes, o casi seis, no lo sé exactamente, pero, en comparación con Bogotá, no es tan grande. Lo primero que pensé cuando fui por primera vez a Bogotá, hace casi un año, fue: ¡Qué grande es! ¡Qué grande es esta ciudad, y cuántas calles hay! ¡Cuánta gente! ¡Cuánto tráfico!

atasco: congestión de tráfico.

Para dar un ejemplo de lo grande que es Bogotá, la primera vez que fui a Colombia, Olinda me recogió en el aeropuerto en su coche y tardamos más de una hora en llegar a su casa, no sólo por la distancia, también por el trancón, así se llama en Colombia el **atasco** o la retención del tráfico. En Bogotá, como en otras muchas ciudades de Latinoamérica, las calles no tienen nombre, como en España, sino un número: calle 1, calle 2, etc., y la distancia entre una calle y otra se llama *cuadra*. Pues bien, el aeropuerto de Bogotá está a la altura de la calle 26 y Olinda vivía entonces en la calle 170: o sea, ¡144 cuadras de distancia!

3

Trancón, atasco, retención: se usan palabras distintas en varios países, pero la realidad es siempre la misma: muchos coches y poco movimiento. Ahora, en la carretera al aeropuerto ha ocurrido un accidente con un camión y no podemos pasar.

– ¿Llevan mucha prisa? –pregunta el taxista–. ¿A qué hora sale su vuelo?

Afortunadamente vamos bastante bien de tiempo, son las 11.40, si llegamos al aeropuerto antes de las 12.30 no hay problema, sólo faltan 5 minutos para llegar..., si el tráfico se mueve, claro. De todas formas, en el aeropuerto no vamos a necesitar mucho tiempo para facturar las maletas, pasar por la aduana e ir a la **puerta de embarque**. La última vez que fui a Colombia llegué al aeropuerto mucho más tarde, después de la una de la tarde, me llevó Tomás en su coche pero habíamos salido tarde de Valladolid y apenas llegamos a tiempo.

puerta de embarque: puerta para entrar en el avión.

En ese viaje, en marzo, Olinda y yo compramos el apartamento donde vamos a vivir los tres. Es un apartamento muy bonito que forma parte de un bloque de pisos. Junto con otros ocho o nueve bloques, forma un *conjunto residencial.* La verdad es que yo, cuando fui por primera vez a Colombia, no tenía una idea muy clara de qué era eso: un *conjunto residencial* o un *conjunto cerrado.* A ver si soy capaz de explicar cómo funciona.

El conjunto, que se llama *Los Geranios,* es como un pequeño barrio cerrado: sólo se puede entrar por una de las cinco puertas. En cada una de las puertas hay un portero y en la entrada principal, la única por donde se puede entrar en coche, hay cuatro o cinco porteros. Ellos controlan quiénes entran y salen. Cuando quiere entrar alguien que no vive en *Los Geranios,* primero tiene que pedir permiso. Si esa persona viene en carro (es decir, en *coche*, como decimos en España, pero en Colombia dicen *carro*), los porteros apuntan la matrícula.

Otra cosa típica de un conjunto residencial son los *celadores*: así se llaman los vigilantes privados que tienen que vigilar los edificios y la calle. Ellos conocen a todos los habitantes del conjunto y de esta manera siempre hay un buen control. Y no hay que olvidar la administración: hay tres o cuatro personas que trabajan allí y que se ocupan de que todo funcione bien: hay que mantener los jardines, hay que sacar la basura, hay que limpiar... Para todo eso los inquilinos pagan dinero todos los meses.

Vivir en un conjunto cerrado es una forma de vivir segura y cómoda, es como un pequeño barrio donde las personas se conocen las unas a las otras. Además, para hacer la compra diaria, uno no tiene que salir del conjunto. En *Los Geranios*, por ejemplo, hay dos panaderías, dos o tres pequeños supermercados, una farmacia (pero en Colombia se llama *droguería*), una papelería, una peluquería, un **jardín infantil**, un dentista, un café internet donde se pueden hacer también llamadas telefónicas, un gimnasio...

jardín infantil: especie de colegio para niños de 1-3 años.

4

– ¡Marianita, mi amor! ¡Vamos a almorzar!

Recuerdo una mañana en *Los Geranios*, algunos días después de comprar el apartamento. Era domingo. Olinda y yo íbamos a tomar ese día las medidas exactas de las habitaciones para comprar el *tapete*, así se llama en Colombia lo que en España llamamos la **moqueta**. Olinda no había llegado todavía, porque tenía una cita en el museo y no llegaría hasta el medio-

moqueta: alfombra que cubre el suelo de la casa.

día. Hacía un sol espléndido y yo la estaba esperando sentado en un banco en los jardines de *Los Geranios*.

– ¡Marianita, mi amor! ¡Vamos a almorzar!

Mariana es una niña de cuatro o cinco años, hija de nuestros futuros vecinos. Estaba jugando en el parque con otros niños pero su madre quería ir a casa para preparar el almuerzo. Eran las once y media de la mañana. En un pequeño campo de fútbol, había niños jugando. Había padres y madres que querían ir a casa a almorzar.

– ¡Mariana, venga! ¡Vamos a almorzar!

Me gustan los domingos, me gustan mucho. Siempre me han gustado. Claro, también me gustan los otros días de la semana, los lunes, los martes…, pero el domingo tiene algo especial, algo que no tienen los otros días de la semana, algo…, no sé, yo diría que tiene algo *dominical*…, bueno, eso es lógico, todos los domingos tienen algo *dominical*, no podría ser de otra manera. Pero, ¿qué es exactamente lo *dominical*? ¿El sol brilla de otra manera? ¿El viento sopla de otra forma? No lo sé. La temperatura era la misma de otros días, unos 20 grados, en Bogotá no hay grandes cambios de temperatura, pero a mí me parece que aquel día hacía más calor que el día anterior. ¿Es que el tiempo también conoce días y semanas? ¿Los domingos hace más calor que otros días de la semana? ¿Los lunes llueve más que los miércoles?

– ¡¡¡¡Mariana, vamos a almorzar pero ya!!! ¡¡¡Venga!!!

Por otro lado, creo que hay una explicación más probable, más lógica. Los domingos no hace más calor ni menos viento que otros días, simplemente *yo* soy distinto y las demás personas también son distintas: tenemos menos prisa, caminamos con más tranquilidad por la calle porque no tenemos que ir a ningún sitio, hay menos tráfico en las calles y por eso hay menos ruido, se oye mejor el canto de los pájaros, se oyen mejor los gritos de los niños que están jugando y no tienen ganas de ir a casa a almorzar, se oye y se siente mejor el viento, desde lejos se oye la televisión de los vecinos..., e incluso se oyen mejor los aviones que van bajando hacia el aeropuerto.

En fin, quién sabe cómo son estas cosas, el mundo algunas veces es complicado, otras veces es sencillo, desafortunadamente no siempre sabemos cuándo es sencillo y cuándo no...

5

Bueno, basta de filosofía por el momento, vamos a volver a la realidad, a esa mañana de domingo. Entonces, allá, en Bogotá, Colombia, recordaba las mañanas de domingo en Valladolid, la ciudad donde he vivido casi toda mi vida, la capital de la **comunidad autónoma** de Castilla y León, en España, Europa, el viejo continente..., tan lejos en aquel momento, a unos siete u ocho mil kilómetros de distancia, pero al mismo tiempo tan cerca en la memoria..., igual que ahora, cerca en la memoria y a doscientos kilómetros mientras Laura y yo nos dirigimos al aeropuerto... Pensaba en Valladolid, casi todos los días pensaba en Valladolid, pero no la recordaba con nostalgia, ni con tristeza, pensaba en ella como una parte de mi vida que iba a terminar, una etapa de mi vida que me preparó para vivir otra etapa nueva en Bogotá, esa ciudad tan bonita de la que ya os contaré más cosas, y con la mujer de la que también os contaré más cosas.

comunidad autónoma: división política de España.

6

Bueno, parece que hoy algunas cosas son sencillas: el trancón ha desaparecido y en menos de cinco minutos el taxi nos ha llevado al aeropuerto. Nos hemos bajado, hemos buscado el mostrador de **Avianca**, hemos facturado nuestra maletas y hemos pasado la aduana. Son las 12.55, ha terminado nuestro recorrido en tierras españolas y ya estamos en esa zona indeterminada que es la zona de pasajeros de los aeropuertos: tierra de nadie en esta tierra de todos.

Avianca: la compañía aérea colombiana más grande, propiedad de un consorcio brasileño.

Capítulo 3

Madrid, Aeropuerto de Barajas, Terminal 1, Sala de espera, 13.30 h.

1

Es la una y media de la tarde. Nuestro vuelo a Bogotá sale a las 14.10 h. Si no hay retraso, nos quedan 40 minutos en esta terminal. No estamos aquí por primera vez: antes de decidir si queríamos vivir en Colombia, le pregunté a Laura si quería hacer un viaje para conocer Bogotá.

– Claro, papi, yo también quiero saber cómo son los... ¿cómo se llaman los habitantes de Bogotá? ¿Bogotanos?

– Sí, bogotanos.

– ¿Cómo son?

– ¿Qué quieres decir, Laura? ¿Su aspecto físico, su ropa, sus costumbres, su manera de hablar...?

– Todo, papi.

– Todo es mucho, Laura, y lo que pasa es que hay siete millones de bogotanos, entonces, es un poco difícil describir cómo son. Los hay morenos y rubios, altos y bajos, gordos y flacos, guapos y feos, listos y tontos..., igual que aquí, igual que en todos los países, en el fondo todos somos seres humanos... Bueno, claro que hablan con otro acento que el tuyo o el mío, pero es que nosotros somos españoles, ¿no?, castellanos de Valladolid, y a veces hablamos de otra manera, de vez en cuando utilizamos otras palabras, por ejemplo tú para mí eres una *niña*, en Colombia dirían que eres una *pelada*..., una *china*...

— ¿Una *china*? ¡Pero si yo no soy *china*, soy *española*!

— No, Laura, escúchame, en Colombia las *chinas* no son *chinas*, allá las *chinas* son *colombianas*..., mmm, bueno, quiero decir, las niñas colombianas son *chinas*, mejor dicho, se llaman *chinas*..., no sé si me explico, pero tú me entiendes, ¿verdad, Laura?

— No, papi, no te entiendo, ¿sabes qué?, te estudias otra vez la lección y mañana me lo vuelves a explicar, pero más claro que hoy, ¿OK?

Así es Laura, así habla, igual que hablaba su madre. Por eso también la quiero mucho.

Bueno, de todas formas, después de esta conversación, le dije que lo mejor sería ir a Bogotá los dos para ver cómo eran los bogotanos. Eso fue hace unos meses, en las vacaciones de verano. No hicimos exactamente el mismo viaje que ahora, porque no conseguimos plazas en el vuelo directo Madrid-Bogotá de Avianca, por eso fuimos primero con **Iberia** a Nueva York, y de ahí con *Continental Airlines* a Bogotá. Laura conoció a Olinda, conoció Bogotá y al final, antes de volver a España, yo le pregunté:

— Dime, Laurita, ¿qué piensas? ¿Qué opinas de la ciudad, de la gente? ¿Crees que podrías ser feliz aquí?

— Sí, papi, creo que aquí también puedo vivir. ¿Y sabes?, hace menos frío que en Valladolid...

Iberia: la compañía aérea española más importante.

2

Es verdad, hace menos frío, mucho menos frío que en Valladolid. Allí, en invierno, puede hacer mucho frío. Me acuerdo que muchas veces, cuando iba andando a la oficina por la mañana, llevaba un abrigo, una bufanda, guantes, y aún así me moría de frío. En cambio, en verano, recuerdo muchos días que llegábamos a más de 40 grados a la sombra a las dos o las tres de la tarde...

Ahora bien, Bogotá está bastante cerca del ecuador pero no tiene un clima tropical como el que uno se imagina cuando ve en la televisión los anuncios de chocolate con coco, con playas y palmeras y cócteles con hielo, no, eso no... La explicación es que Bogotá está a una altura de 2 600 metros sobre el nivel del mar, por lo tanto tiene un clima de montaña, un clima **andino**. En Bogotá la temperatura varía realmente poco. Por eso también, casi ningún apartamento tiene calefacción central. En Valladolid sin calefacción ya nos habríamos muerto del frío, pero en Bogotá, no. Lo que sí es muy importante es que el apartamento sea *abrigado*, o sea, protegido del frío y de la lluvia, porque una cosa es cierta: en Bogotá no hace ni mucho frío ni mucho calor, pero puede llover de una manera terrible.

Ya he explicado que el apartamento que hemos comprado está en un conjunto cerrado que se llama *Los Geranios*. El conjunto está en la calle 127, eso en Bogotá se llama el norte de la ciudad, el norte empieza más o menos por la calle 80. Vivimos también bastante cerca de la autopista, que es una autopista como en todos los países pero dentro de la ciudad y que corre de norte a sur.

Desde el principio, Olinda y yo buscamos un apartamento en el primer piso, para no tener que subir es-

andino: de los Andes.

caleras. Afortunadamente, no fue muy difícil encontrarlo, aunque era un poco más caro que los apartamentos en el cuarto o quinto piso, pero es es lógico: en los bloques con cinco pisos no hay ascensor y cada escalera cuenta...

A la entrada del apartamento, desde el hall central, hay un pequeño pasillo, y a la izquierda está la cocina, con la estufa para cocinar, nada que ver con nuestras estufas españolas, la nevera, los demás electrodomésticos como la cafetera, el microondas, la batidora... Además de la cocina, tenemos una cocina auxiliar, o sea, un espacio donde están la lavadora, algunos gabinetes —cuántas palabras iguales pero distintas o diferentes, como diría Laura— donde guardamos ropa de cama, toallas... etc.

El salón-comedor no es muy grande pero hay espacio más que suficiente para la mesa del comedor con seis sillas, y luego, al otro lado, hay un sofá, unos sillones, una lámpara, una mesita con el equipo de música, algunas plantas...

El apartamento tiene tres habitaciones: dos dormitorios y un estudio. El estudio es la habitación donde vamos a poner el ordenador, bueno no, el *computador* como lo llaman aquí y la biblioteca. Y las habitaciones tienen un cuarto de baño cada una, eso está muy bien porque así Laura puede ducharse tranquilamente por la mañana y no la tengo que esperar, como hasta ahora.

3

Sólo faltan 30 minutos. Para pasar el rato, miramos los escaparates de las tiendas del terminal de Barajas. Hemos gastado nuestros últimos euros en esas cosas típicas que uno piensa que sólo existen en España: jamón ibérico, agua de colonia, turrón... Y efectivamente, cuando uno viaja, se da cuenta de que algunas cosas no existen en otros países, aunque con la globalización eso ocurre cada vez menos; seguramente venden turrón en Taiwán, agua de colonia en Gabón y jamón ibérico en **Laponia**. Esa a mí me parece una de las ventajas de la globalización: es más fácil sentirse en casa en cualquier punto del mundo.

Al final también compramos un reloj para Laura, un reloj superespecial que tiene dos **esferas**, es decir que marca dos horas distintas.

> **Laponia:** región en el norte de Escandinavia.

> **esfera:** la parte redonda del reloj donde se indica la hora.

    – A ver, ¿qué hora es ahora en Bogotá, papi?

    – Hay seis horas de diferencia, o sea que ahora en Bogotá son... las ocho menos veinte.

    – ¿De la tarde?

    – No, no, de la mañana, ¿recuerdas que el sol va de este a oeste y que Colombia está al oeste de aquí y que por eso allí amanece más tarde?

    – ¿Olinda ya se habrá levantado?

    – Seguro que sí, ella se levanta siempre a las seis o a las seis y media, con tiempo para desayunar antes de ir a trabajar.

    – ¿Los museos abren tan temprano allí?

    – No. Creo que abren a las diez, eso es más o menos lo mismo que aquí, pero la gente que trabaja en los museos, como Olinda, empieza antes de la hora de la apertura. Y además, Olinda muchas veces tiene que ir a otros sitios para hablar con artistas y esas cosas.

    – Cuéntame otra vez por qué Olinda estuvo aquí, cómo os conocisteis...

Vamos caminando por la terminal de Barajas hacia

la puerta de salida. Hay aviones a todas partes del mundo: Europa, América, Asia...

– Bueno, vamos a sentarnos un rato aquí y te lo cuento otra vez, ¿OK?

4

– Bueno, mira, Laura, el día que Olinda y yo nos conocimos, ella estaba de visita en el museo Patio Herreriano para hablar con Rosa Menéndez.

– ¿Rosa la pelirroja?

– Exactamente, Rosa la pelirroja.

Y es que mi amiga Rosa es pelirroja pero no natural, sino de peluquería, se echa *hennah* o no sé qué tinte en el pelo y por eso lleva el pelo **rojo, rojo, rojo**. Yo, algunas veces, le he preguntado a Rosa que por qué se lo tiñe así, de ese color, o por qué no se lo tiñe de otro color, pero me contestó que a ella le gustaba así y punto. Parece que yo, de alguna manera, estoy siempre rodeado de mujeres fuertes: mi amiga Elsa la abogada, Rosa la pelirroja, mi hija Laura... Y ahora Olinda, que es otra mujer de carácter muy fuerte.

– Bueno, *cowboy*, como te decía, estuvieron trabajando toda la mañana y a mediodía Rosa la llevó al *Caballo de Troya*, ese restaurante cerca de la Plaza Mayor, donde yo comía a veces cuando no tenía tiempo de ir a casa, ¿te acuerdas? Tú y yo también hemos ido alguna vez. Bueno, pues, ese día, cuando vi a Rosa, la saludé y ella me presentó a Olinda…

– ¿Y qué pensaste?

– ¿Cómo que qué pensé?

rojo, rojo, rojo: la repetición indica un grado alto de intensidad.

– Pues eso, que qué pensaste cuando la viste por primera vez?

– Pues, mira, Laurita de mi alma, algunos de esos pensamientos son personales y secretos, ¿comprendes?, pero lo que sí te puedo decir es que Olinda me gustó desde el principio...

– ¿Cómo te puede gustar una persona a quien no conoces, papi?

– El amor tiene muchos misterios, Laura, eso ya lo verás cuando seas más mayorcita...

– *Mmm...*

Eso es lo que dice Laura cuando no cree lo que le digo: *Mmm...*

¿por dónde iba?: pregunta que se hace cuando uno no se acuerda de lo que estaba contando.

– Bueno, sigo contando, ¿no? **¿Por dónde iba?** ¡Ah, sí! Rosa nos presentó y estuvimos unos minutos hablando. Recuerdo que me gustó muchísimo su voz y su acento, su manera de hablar español, mucho más suave que la nuestra. Bueno, ellas ya habían terminado de comer y estaban a punto de volver al museo. Entonces, yo le pregunté hasta cuándo se quedaba en Valladolid, y me dijo que tenía que volver esa misma noche a Madrid porque al día siguiente tenía que viajar a Valencia. Bueno, como yo quería verla antes de que se marchara, le dije que esa tarde no tenía mucho trabajo y que me encantaría enseñarle algo de la ciudad antes de que se fuera, le di mi número de teléfono y a las cuatro ella me llamó para decir que ya había terminado su trabajo en el museo y que tenía tiempo hasta las 8 de la tarde, a esa hora saldría su tren, así que la fui a buscar al museo y después fuimos a tomar un café en un

Pasaje de Gutiérrez: calle cubierta en el centro de Valladolid.

sitio muy bonito en el **Pasaje de Gutiérrez**, esa cafetería enfrente de una tienda de juguetes... cómo se llama..., ¿sabes cuál te digo?, y empezamos a hablar y cuando miramos el reloj, eran las siete y media de la tarde y tuvimos que ir corriendo a la estación, porque Olinda casi pierde el tren. Por cierto, Laura, ¿qué hora es?

– ¿Aquí o en Colombia?

– ¡Aquí!

– ¡Casi las 2!

– ¡¡¡Vamos, corriendo, que perdemos el vuelo!!!

Capítulo 4

*Aeropuerto de Barajas, **pista de despegue**, 14.20 h.*

pista de despegue:
pista desde la que se
levanta el avión.

1

Ya nos vamos.

Todos los pasajeros estamos sentados en nuestro asiento, con el cinturón de seguridad abrochado y la mesa plegada, las puertas están cerradas, Laura está mascando un chicle para que no le duelan los oídos cuando despeguemos, las azafatas de Avianca ya han dado las instrucciones de seguridad. Todo está listo para el despegue y con solamente diez minutos de retraso, el avión se pone en marcha en dirección a la pista de despegue.

Es un día claro, casi sin nubes, por lo tanto podremos ver algo del oeste de España y de Portugal antes de subir a una altura a la que ya no se ve nada, ningún detalle, sólo manchas de un color indefinido sobre una tierra **rojiza**, marrón, **amarillenta**..., ese color tan difícil de describir que tiene España cuando uno la ve desde una altura de diez u once mil metros. Nos esperan diez horas de vuelo para llegar a nuestro destino, el aeropuerto de *Eldorado*, Bogotá, Colombia. Allí empezaremos nuestra nueva vida, la vida de una nueva familia.

rojiza, amarillenta:
tonos menos fuertes
que el rojo y el amarillo.

2

Una nueva familia... compuesta de otras dos familias, una española, la de Laura y mía; la otra, colombiana, de Olinda. Y cada una de estas dos familias es el resultado de otras familias y de la historia de ellas.

Esta es la historia de Graciela, la madre de Laura.

Laura, ya lo he contado, tiene ahora nueve años. Su madre, Graciela, mi primera mujer (bueno, mi primera *esposa*) era de Valladolid, como yo, aunque ella pertenecía a una familia italiana que emigró de Italia a España en 1931. Sus abuelos paternos, Enrico y Graziella Franciulli, estaban en contra del régimen fascista de **Mussolini**. A finales de 1931, durante la **Segunda República** en España, ellos huyeron de Turín y se establecieron en Barcelona. Tenían la intención de trabajar y ahorrar dinero para comprar un pasaje de barco a Argentina, donde tenían familiares que habían emigrado a ese país hacía ya muchos años. Pero poco después de llegar a Barcelona, cuando el abuelo de Graciela estaba trabajando en un mercado de frutas y verduras, un compañero suyo le contó que en Valladolid había trabajo en una confitería de nombre **Helios**. Enrico, el abuelo de Graciela, había sido pastelero en Turín y cuando se enteró de la noticia, se fue con su mujer a Valladolid.

Y allí se quedó. Trabajó dos años en la confitería *Helios* y después entró a trabajar en una panadería muy grande en el centro de Valladolid. En 1936, estalló la Guerra Civil. Valladolid cayó en manos de los militares rebeldes, de orientación fascista. Enrico tenía mucho miedo, al fin y al cabo era la segunda vez que vivía en un país fascista. Pero tuvo suerte: al parecer, ninguno de los nuevos dirigentes militares y políticos se acordó de él. Por la mañana, muy temprano, iba a

Benito Mussolini (1883-1945): líder del fascismo italiano de 1922 a 1943.

Segunda República Española(1931-1936): período en la historia de España de grandes cambios políticos, sociales y culturales, que terminó con la Guerra Civil Española (1936-1939), al final de la cual asumió el poder Francisco Franco.

Helios: en la actualidad, es una de las marcas españolas más importantes de mermeladas, conservas de frutas, etc.; empezó como empresa muy pequeña a principios del siglo XX.

la panadería y trabajaba hasta tarde. Allí, entre los hornos de la panadería, nadie le veía. Después del trabajo, iba a casa y no salía.

En 1939 nació su primer hijo. Enrico y su mujer, Graziella, querían ponerle el nombre de Aldo, como el padre de Enrico, pero al final les pareció mejor ponerle un nombre español y, para no complicar las cosas, le pusieron Enrique.

Enrique se casó 21 años más tarde con Elvira Mateo, una chica de Zamora pero que vivía en Valladolid, y los dos serían los padres de Graciela Franciulli Mateo que nació en 1962, se casó conmigo en 1990 y murió en un horrible acccidente de tráfico en una noche oscura, de mucha niebla, hace 5 años, cuando Laura apenas tenía 4 años.

3

– Señores pasajeros, buenas tardes, aquí habla su capitán... Mi nombre es Ramón Caycedo... intenso tráfico... una breve **demora**... cinco minutos... en nombre de toda la **tripulación**... un agradable vuelo con nosotros... *Ladies and gentlemen... captain speaking...*

demora: retraso.

tripulación: las personas que trabajan en el avión.

Parece que hay mucho tráfico en el aeropuerto de Barajas. A esta hora salen muchos de los vuelos transatlánticos y hay por lo menos cuatro o cinco aviones que tienen que salir antes que nosotros. Lentamente nos movemos hacia la pista principal desde donde despegaremos. Este es el segundo trancón del día... Sólo podemos esperar...

Ya he hablado de la muerte de Graciela. Pero prefiero hablar de su vida.

Graciela. En italiano: Graziella, el mismo nombre

que llevaba su abuela. Empezó a hablar italiano a partir de los 8 años. Su padre, Enrique, lo entendía perfectamente, lo hablaba, pero lo hablaba muy poco. Ella, sin embargo, desde que conoció a su familia en un viaje a Turín a finales de los años sesenta, empezó a leer libros y revistas en italiano. Más tarde, cuando ya tenía 16 ó 17 años, empezó a tomar cursos en una academia para perfeccionar su dominio del italiano. Los fines de semana iba a ver películas italianas o se reunía con otros alumnos de la academia para practicar el idioma.

En el verano de 1980, antes de empezar a estudiar Derecho, estuvo trabajando tres meses en un campamento de vacaciones para niños españoles cerca de Génova. Le gustó tanto el país que a finales de aquel verano fue a Bologna para estudiar un año en la universidad. Al volver a Valladolid en 1981, se matriculó en la Facultad de Derecho: desde muy pequeña, había querido ser abogada. Graciela, cuando se proponía algo, lo conseguía. En la Facultad conoció a Elsa García Saldaña, nuesta amiga Elsa, y las dos se hicieron muy amigas. Elsa también quiso ser abogada desde niña, pero en su caso era más lógico porque ella viene de una familia en la que todos, sin excepción, tienen algo que ver con el derecho. Como suele decir Elsa, en broma:

— En mi familia, todos tenemos alguna relación con el derecho: somos jueces, abogados, delincuentes...

Yo, en aquella época, estudiaba también en la universidad de Valladolid, igual que Graciela, aunque en la Facultad de Economía, pero curiosamente Graciela y yo nunca nos encontramos, en ninguno de los muchos bares que hay cerca de la universidad, en ninguno de los cines de la ciudad, en ninguno de los muchos festivales de verano, en ninguna calle, en absolutamente ningún lugar, nunca, en ningún momento. Graciela y yo nos conocimos años más tarde, y no en Valladolid, como se podría pensar, sino en un tren de Madrid a Alcalá de Henares donde ella había ido para asistir a un congreso en la Universidad de Alcalá y yo para visitar a un amigo que se había ido a vivir a Alcalá porque había encontrado trabajo en una empresa cerca del aeropuerto.

Eso fue en septiembre de 1990. Medio año más tarde nos casamos.

4

Creo que ahora nos vamos de verdad. El avión está cerca de la pista, los motores han empezado a hacer más ruido, el avión que tenía que salir antes que nosotros ya ha empezado a correr por la pista de despegue y después, saldremos nosotros...

Aquí, en esta tierra, dejo una parte importante de mi vida..., pero me llevo lo más importante: mi hija Laura. Ella, una niña de nueve años, con toda la vida por delante, es también el futuro, lo que se queda atrás es el pasado..., un pasado de 42 años que ahora ha terminado donde empezó: en Valladolid.

Nací en esa ciudad castellana, a principios de los años sesenta. Mi madre era vallisoletana aunque había nacido en París. Sus padres, que habían huido de España al final de la Guerra Civil, en 1939, habían encontrado protección en París, donde vivía un familiar lejano de mi padre.

Francisco Franco (1892-1975): dictador de España de 1939 hasta su muerte.

— Tu abuela —me contaba mi madre cuando yo era joven— no quería vivir en la España de **Franco**, y lo que ella no quería en absoluto era que sus hijos vivieran en un país con un gobierno de ese tipo. Lo que ella no sabía, naturalmente, en febrero de 1939, cuando huyeron a Francia, era que, apenas un año más tarde, estarían en medio de otra guerra, no menos horrible, la Segunda Guerra Mundial. Pero la abuela siempre decía que prefería vivir en un país extranjero ocupado por extranjeros a vivir en su propio país ocupado por sus propios enemigos. Y al final, cuando se murió Franco, en 1975, ella ya no quiso volver a España, se sentía más francesa que yo. Y eso que yo me había criado en Francia y cuando llegué por primera vez a España, hablaba el español muy mal.

Sin embargo, mi madre aprendió pronto porque, después de casarse, empezó a ayudar a mi padre que era médico y tenía su propia consulta. Mi madre hacía de todo: era secretaria y enfermera, limpiaba la casa y la consulta, hacía la compra, preparaba las comidas, cuidaba de mí y de mi hermano Carlos que era un año más joven que yo..., todo eso lo tenía que hacer hasta que, un día, mi padre dijo que se iba con otra mujer, una paciente que al parecer no estaba tan enferma..., y él se fue, primero a Madrid y después no se sabe adónde, porque **a los dos años** le habíamos perdido la pista, parece que no quería vernos y la verdad es que nosotros tampoco teníamos muchas ganas de verlo a él; además, cuando él todavía vivía en casa, tampoco lo veíamos mucho ya que se iba temprano a la consulta y después se iba a jugar a la cartas con sus amigos, eso al menos es lo que decía, después nos dimos cuenta de qué tipo de juego se trataba, uno siempre cree que algo es verdad hasta que aparece otra verdad más verdadera...

a los dos años: dos años más tarde.

bachillerato: en general, enseñanza secundaria.

CEE: Comunidad Económica Europea, desde 1992: Unión Europea.

Pero bueno, de todas formas, mi hermano Carlos y yo crecimos más o menos felices. Mi madre empezó a trabajar de enfermera en un hospital. Después del **bachillerato**, estudié economía y nada más terminar la carrera, empecé a trabajar en uno de los bancos más importantes de España. Estuve cinco años trabajando como un idiota y gané bastante dinero. Bueno, no ganaba tanto, el caso es que no gastaba mucho porque no me gustaba salir, bueno, excepto ir al cine, eso sí. Y entonces, en el verano de 1989 (España ya llevaba varios años en la **CEE**), el banco ofreció unas plazas de prácticas pagadas en algunas de sus filiales del extranjero. Al principio, no sabía si realmente quería irme, pero mi madre dijo:

– No hay nada mejor que irse para querer volver y no hay nada mejor que hacer algo para saber si eso es lo que uno quiere hacer.

Eso fue en el verano de 1989. Pensé pedir una plaza en Francia, al fin y al cabo hablaba bastante bien el francés ya que lo había estudiado en el instituto y lo hablaba a veces con mi madre, pero después cambié de idea y pedí una plaza en Berlín. Todavía no sé realmente por qué, no sé qué me atraía en Alemania, nunca había estado allá, no hablaba alemán, fue simplemente una idea. Y tuve suerte: el otoño y el invierno de 1989 resultaron importantísimos, interesantísimos, decisivos, en la historia moderna de Europa. Yo soy de los que pueden decir: "vi caer el muro de Berlín". Sí, yo estuve allí. En tres meses había aprendido suficiente alemán como para comprender lo que se decía en la televisión, lo que decían los periódicos, lo que decían los berlineses..., aprendí muchísimo, sobre todo aprendí a relacionarme con gente de otros mundos porque Berlín, en aquella época, ya había empezado a ser la metrópolis que es ahora.

En agosto del año siguiente volví a España. Un día llamé a Julio, un amigo que no había visto en bastante tiempo, y resultó que se había mudado a Alcalá de Henares. Me invitó a pasar un fin de semana en su casa. Le dije que sí, al día siguiente tomé un tren a Chamartín, pasé unas horas en Madrid para visitar una exposición que quería ver en el **Museo Reina Sofía** (que entonces era muy nuevo todavía), fui a la estación de Atocha donde tomé un tren a Alcalá y en ese tren conocí a Graciela.

Museo Nacional Centro de Arte Reina Sofía: museo dedicado al arte contemporáneo, inaugurado oficialmente en 1992.

5

– Ahora sí nos vamos, papi. Buen viaje.

Efectivamente: estamos en la pista, los motores empiezan a hacer un ruido infernal, el avión comienza a moverse, ahí vamos, cogemos velocidad, a gran velocidad corremos sobre la pista, la parte delantera del avión se levanta, las ruedas dejan el suelo, nuestro viaje por los aires ha empezado.

– Buen viaje, *cowboy*.
– Buen viaje, *sheriff.*

PÁRATE UN MOMENTO

1. Ya conoces la mitad de la historia. ¿Se ha cumplido lo que imaginabas en los ejercicios previos? Revisa tus respuestas al **ejercicio 3** y comprueba si has acertado.

	Correcto	Incorrecto
¿QUIÉN?		
¿POR QUÉ?		
¿QUÉ VA A PASAR?		

2. Laura y su padre están realizando un viaje a Colombia. ¿Tú has viajado mucho? ¿Cuál ha sido tu viaje más importante y por qué? Escribe un breve relato de ese viaje y di las razones por las que te gustó. Después cuéntaselo a un compañero o a la clase y comparad los motivos por los que un viaje puede ser importante.

_____

_____

_____

_____

_____

_____

_____

_____

_____

_____

_____

_____

_____

_____

_____

3. Martín, el protagonista, explica algunas diferencias entre España y Colombia. Una de ellas es el lenguaje, que presenta algunas variaciones. Une las palabras que se utilizan en Colombia con los equivalentes de las mismas en España.

Colombia	España
computador •	• moqueta
trancón •	• café
tapete •	• atasco
carro •	• coche
tinto •	• ordenador
china •	• mujer
esposa •	• manzana
cuadra •	• niña

4. Finalmente, veamos si has prestado atención. Señala si las siguientes afirmaciones se refieren a Martín (**M**), Laura (**L**), Olinda (**O**) o Graciela (**G**).

☐ a) Conoció a su familia en un viaje a Turín.

☐ b) Salió a comer con Rosa Menéndez en Valladolid.

☐ c) Metió toda su vida en 18 cajas.

☐ d) Conoció a Olinda en un viaje de verano a Bogotá.

☐ e) Es la madre de Laura.

☐ f) Conoció a Graciela en un tren de Madrid a Alcalá.

☐ g) Tenía cuatro años cuando murió su madre en un accidente.

☐ h) Vio caer el muro de Berlín.

☐ i) Sus apellidos son Poveda Hoyos.

5. Hasta ahora han aparecido una serie de lugares y una serie de hechos que no siempre tienen un orden cronológico. Intenta ordenar la historia cronológicamente. Compara tu resultado con el de tus compañeros.

6. ¿Qué opinas sobre la decisión de Martín? Coméntala con tus compañeros.

G M T : *Greenwich Mean Time* (Tiempo Medio de Greenwich)

husos horarios: cada una de las 24 zonas de la Tierra en las que hay una hora diferente.

La Montaña Mágica: *Der Zauberberg*, en el original alemán, publicado en 1924.

Capítulo 5

Sobre el Océano Atlántico, saliendo del viejo continente,
14.20 h. GMT

1

Otra vez son las dos y veinte. ¿O sería más adecuado decir: *todavía* son las dos y veinte? No lo sé. Quizás debería decir: *aquí* son las dos y veinte. De verdad que no lo sé. Durante los viajes en avión por varios **husos horarios** siempre es difícil saber qué hora es exactamente.

Por otra parte, a diez kilómetros de altura sobre el Océano Atlántico, esa inmensa cantidad de agua, no importa mucho qué hora es, sólo importa que ya no sea la misma hora que antes porque ya estamos en otro sitio, a cientos de kilómetros del lugar donde también eran las dos y veinte de la tarde cuando salimos de allí. Hace muchos años, un personaje de uno de mis escritores favoritos, el alemán Thomas Mann, en su libro **La Montaña Mágica**, se preguntó: "¿Qué es el tiempo?" La respuesta es muy larga, pero la parte que más me gusta es esta:

"El tiempo es activo, produce. ¿Qué produce? Produce el cambio".

Y así es. El tiempo produce muchos cambios. Hace un año y dos meses, a esta misma hora, a las dos y veinte de la tarde, conocí a Olinda, en el restaurante *El Caballo de Troya*. Desde entonces, todas las tardes han dado las dos y veinte pero nunca como aquel día;

a partir de aquella fecha, cualquier hora de la mañana, de la tarde o de la noche es distinta a la anterior porque ya nada es lo mismo: hemos hecho planes nuevos, hemos tomado decisiones con respecto al futuro, ya no queremos hacer lo que hacíamos antes o, al menos, no queremos hacerlo de la misma manera. Y luego, cuando queremos repetir algo, vemos que las cosas no se pueden repetir de la misma manera, sólo se pueden *repetir de otra manera*, una curiosa contradicción porque *repetir* significa "hacer algo otra vez", y sin embargo, eso es imposible, se puede decir, pero no hacer, otro misterio de la lengua que ya tiene tantos y de la vida que tiene todavía más.

2

Miro hacia abajo y veo cómo detrás del avión desaparece la costa de Portugal. Aquí termina el viejo continente y empieza de verdad nuestra aventura. Hace quinientos años, en los primeros viajes de Cristóbal Colón y de los otros descubridores, esa interminable cantidad de agua realmente debía inspirar mucho miedo. Aquellos navegantes no tenían ni idea de lo que había al otro lado, ni siquiera sabían muy bien si el otro lado existía; en cambio, yo sí lo sé, yo sé que existe el otro lado donde Olinda nos espera, a Laura y a mí, Olinda, ¡Oh linda mujer!, la mujer más linda de ese continente, el nuevo continente, donde empezará nuestra nueva vida dentro de 9 horas aproximadamente...

– Papi, baja tu mesita, ya van a traer la comida.

Siempre muy práctica, mi Laurita. Pero claro, como otras tantas veces tiene razón: ya llevamos una hora de vuelo y empiezan a distribuir la primera de las dos o tres comidas que sirven durante las diez horas que dura el vuelo.

– Huy sí, Laurita, perdona pero es que... estaba pensando.

– Ya...

Cuando Laura dice *ya*, eso significa más o menos lo mismo que cuando dice *Mmmm...*, o sea, no me cree u opina que sería mejor no pensar en las cosas en las que yo suelo pensar, esas pequeñas filosofías que le ayudan a uno a comprender la vida mejor, a entender mejor a los demás, o a simplemente pasar el rato... Ya.

3

La comida de los aviones es siempre igual, creo yo. Por supuesto, yo nunca he viajado en primera clase en un vuelo de alguna de esas compañías asiáticas que parece que sirven todo tipo de comidas refinadas y exquisitas. Supongo que, cuando uno viaja así, todo se ve de otra manera, desde otro punto de vista, ese es el problema de los puntos de vista, uno puede tener muchos y muy distintos pero, para algunos puntos de vista, uno tiene que tener más dinero que para algunos otros. De todas formas, no sé qué es mejor: tener poco dinero y muchos puntos de vista o, en cambio, tener mucho dinero y un solo punto de vista, que por cierto suele ser el del dinero.

Hablando de dinero, o como dicen en Colombia, de *plata*: después de acostumbrarme a los euros, cuando hace algunos años el euro sustituyó a la **peseta**, ahora Laura y yo nos tendremos que acostumbrar a los pesos colombianos. Otra vez tendremos que calcular en miles, porque un euro vale algo más de **tres mil pesos**. Laura, que sólo tenía 6 años cuando se in-

peseta: moneda española hasta la introducción del euro, el 1 de enero de 2002. Un euro vale aproximadamente 166 pesetas.

tres mil pesos: valor aproximado del peso contra el euro en julio de 2006.

trodujo el euro y apenas ha calculado en pesetas, lo tiene ahora más difícil que yo. Por ejemplo, recuerdo que hace dos años, cuando hicimos un viaje a Disneylandia, le compré una botella de medio litro de agua que costaba dos euros. A mí, esa botella me pareció escandalosamente cara, pero para Laura, dos euros eran *sólo* dos euros. Pero en nuestro viaje a Bogotá del año pasado, le compré un helado que costaba 700 pesos: para mí, muy barato (menos de 25 céntimos de euro), pero a Laura le pareció muy caro porque para ella, setecientos es muchísimo más que dos.

4

Ya hemos comido. Laura pensaba que la comida sería colombiana, pero resultó ser comida de avión, es decir, comida de ninguna parte.

> – ¿En *El Caballo de...* cómo se llama ese restaurante... se comía mejor, papi?
> – *El Caballo de Troya.*

Claro que se comía mejor. Pero el mejor recuerdo que tengo de ese restaurante no es de la comida: es del día que conocí a Olinda. Ya os conté que luego, por la tarde, nos volvimos a encontrar y que fuimos a una cafetería en el Pasaje de Gutiérrez. En las tres o cuatro horas que estuvimos hablando, Olinda me contó gran parte de su vida. Recuerdo esa conversación como si fuera ayer.

> – Nací en Cartagena –me contó Olinda–, **Cartagena de Indias**. Pero nací allá por casualidad porque mi papá en aquella época trabajaba en el Hotel Monterrey, en el centro histórico de la ciudad. Él ha trabajado toda la vida en la hostelería.

Cartagena de Indias: importante ciudad en la costa del Mar Caribe, la parte antigua conserva la arquitectura colonial española.

espectacular: se usa en Colombia frecuentemente con el significado de *muy bueno, muy bonito*.

Empezó como mesero y después...

– Un *mesero* es lo que aquí en España llamamos un *camarero*, ¿verdad?

– Sí, allá decimos *mesero*. Bueno, pues, él empezó así, en Bogotá, pero después hizo estudios superiores de hostelería y cuando yo nací, él ya era el gerente del hotel. El Hotel Monterrey, por cierto, es **espectacular**, es bastante antiguo, al estilo europeo, con muebles de época, espero que algún día lo puedas conocer.

– Eso sería maravilloso... Así que, ¿naciste en un hotel?

– Sí, porque en aquella época mis padres vivían en el hotel, en dos habitaciones en el sótano. Después de nacer yo, buscaron casa. Y dos años más tarde nació mi hermano Mauricio.

– ¿Y cuánto tiempo viviste en Cartagena?

– Hasta la edad de 6 años. Entonces, mi padre aceptó un puesto en el hotel Carlton de Bogotá. Allá podía ganar más plata y además, él es de Bogotá, toda su familia vivía allá. Y otro motivo era que a mi madre no le gustaba el clima de Cartagena. Ella es bogotana, como mi padre, y prefiere el clima de la montaña al calor de Cartagena. Yo lo comprendo: el clima de Bogotá es tan rico, aunque puede hacer frío en algunas épocas, pero no hay nada como la luz de Bogotá, el aire y eso a pesar de la contaminación que producen los carros...

– Y después de Cartagena, ¿siempre has vivido en Bogotá?

– Sí, aunque cuando estaba pequeña, en vacaciones pasaba largas temporadas en Cartagena, don-

Manizales: capital del
departamento de Cal-
das.

de vivía mi mejor amiga, y en **Manizales**, donde
vive una tía, una hermana de mi madre...

– Qué curioso, aquí decimos: cuando *era* pequeño...

– ¿Y yo qué he dicho?

– Cuando *estaba* pequeña.

– ¿Es lo mismo, ¿no?

– Claro, se entiende perfectamente.

– ¿Sigo contando, entonces?

– Sigue, me encanta oírte hablar.

– ¿Por qué?

– Porque me encantas tú.

– No digas bobadas, Martín, apenas me conoces.

– Con lo poquito que te conozco, ya es suficiente
para que me encantes.

– ¿Tú siempre eres así?

– ¿Cómo, así?

– Así de..., digamos... ¿entusiasta?

– No sé, puede ser, en algunas cosas, con algunas
personas.

– ¿Y por qué lo eres conmigo?

– Porque me sale así, espontáneamente, y porque
dentro de unas horas estarás en un tren a Madrid
y dentro de dos o tres días estarás otra vez en
Colombia que está muy lejos de aquí y no sé si
me gusta eso...

– No sabes si te gusta... ¿qué?

– No sé si me gusta que estés tan lejos. Es más: estoy seguro de que no me gusta.

– Bueno, ¿sigo contando?

— Sigue, por favor. Llegaste a Bogotá, tenías 6 años...

— ... y me mandaron a un colegio francés porque a mis padres les parecía importante que aprendiera otro idioma. No sé cómo es aquí en España, pero allá, los colegios están muy lejos y los niños van en autobús escolar, salen de casa a las seis de la mañana...

— Aquí es igual, sobre todo en el campo, donde no hay suficiente transporte público.

— En aquella época, el colegio quedaba fuera de Bogotá, pero la ciudad ha crecido tanto que ahora está dentro de la ciudad. Fíjate, yo vivo en la calle 170 y el colegio está en la 134. Mis padres nunca lo han dicho tan claramente pero yo creo que me mandaron a ese colegio francés para que luego pudiera estudiar en Suiza, en una de esas famosas escuelas suizas de hostelería. Bueno, de todas formas, después del bachillerato, yo no quería saber nada de hostelería, me interesaba mucho más el arte. Cuando tenía 16 años, había tenido oportunidad de hacer un intercambio de un mes con un colegio de Tours, al sur de París. Fuimos con un grupo de unos 20 alumnos de distintos colegios colombianos. Hicimos tres excursiones a París para conocer los grandes museos y creo que ese viaje fue decisivo en mi decisión de estudiar historia del arte.

— ¿Y cuándo empezaste a trabajar en el Museo de Arte Moderno de Bogotá?

— ¡Eso fue mucho más tarde! Mira, en el museo empecé a trabajar hace ahora unos seis años. Cuando terminé la universidad, primero trabajé dos años en una galería de arte, que ahora ya no existe, desafortunadamente, porque teníamos algunos artistas muy buenos pero, ¿sabes?, el mercado del arte es difícil, depende mucho de la situación de la economía... de todas formas, yo ya me había ganado una beca del gobierno francés para hacer una maestría de arte moderno en Francia, eso fue en 1986 y 1987, estuve casi un año en París, fue una delicia poder estudiar allá, conocer a tantos artistas...

– ¿Y no viniste a España?

– Sí, claro, hice dos viajes a Barcelona y uno a Madrid.

– A Valladolid no viniste.

– No. A Valladolid, no. El museo Patio Herreriano no existía entonces.

– Desafortunadamente.

– Desafortunadamente.

Y así seguimos hablando. Nos olvidamos del tiempo. El tiempo no existía.

5

Ahora el tiempo sí existe, las horas pasan y empiezo a sentirme cansado. No he hecho nada especial hoy, sólo ir de un sitio a otro, pero me siento cansado. Laura estaba viendo una película, pero se ha quedado dormida.

Ya no se puede ver la costa europea, ahora sólo se ven el mar y grandes nubes blancas. Nada más. De aquí, hasta el otro lado, sólo agua y nubes. Y sueño.

Capítulo 6

El sol se pone sobre el Caribe

1

Las azafatas han encendido las luces y Laura y yo nos hemos despertado al mismo tiempo. Hemos dormido unas cinco o seis horas, creo, no estoy muy seguro pero en este momento no tengo ganas de ponerme a calcular la hora de aquí o de allá.

De todas formas, y eso es mucho más bonito que cualquier reloj, por la ventanilla vemos un fantástico espectáculo de luz: rojo, amarillo, naranja...: se está poniendo el sol sobre el Caribe y eso quiere decir que aquí, en el trópico, deben ser aproximadamente las 5 de la tarde. Ya hemos cruzado ese gran charco de agua y estamos sobrevolando el famoso Mar Caribe con esa infinidad de islas que algún día me gustaría visitar: Cuba, Jamaica, las Bahamas, Guadalupe, Antigua, Santa Lucía, las Islas Caimán, Trinidad y Tobago, aunque la verdad es que de **Trinidad y Tobago** no sé nada, pero me gusta mucho el nombre, siempre pienso que detrás de ese nombre hay una pareja de enamorados: ella se llamaba Trinidad y él, Tobago; eran vecinos y cuando se conocieron, se enamoraron y decidieron formar una república. Trinidad y Tobago, como Julieta y Romeo... Bueno, me imagino que la historia del nombre será distinta pero eso no importa.

Trinidad y Tobago: República situada cerca de la costa de Venezuela. Independiente desde 1962.

– ¿Otra vez pensando?– me pregunta Laura.

– ¿Eh? Pues, sí, tonterías mías, ya sabes... Oye,
Laura, cuando lleguemos a Bogotá, vamos a poner bien las horas de tu reloj nuevo.

– ¿Cuánto falta?

– Unas tres horas, creo. ¿Por qué no duermes un
poco más?

– ¿No nos van a traer más comida?

– Supongo que sí, pero no sé cuándo. De todas formas, si quieres, te despertaré cuando traigan el
desayuno..., o la cena... , o la comida..., o lo que
sea...

– OK, *sheriff,* chao.

Y ya está dormida otra vez. Laura es una de esas
personas que pueden dormir en cualquier sitio: cierra
los ojos y se queda dormida. Desde luego, es una gran
ventaja cuando uno viaja en avión. Yo, ahora que estoy despierto, ya no podré dormir. Pero eso no importa. Cierro los ojos y pienso y recuerdo.

2

Me acuerdo de otras tardes, otros atardeceres, con
Olinda. En mi segundo viaje a Colombia, en marzo de
este año, fuimos unos días a Cartagena. Yo quería conocer la ciudad y el hotel donde había nacido Olinda.
En una de las tardes que paseamos por esas bellísimas
playas de la ciudad, Olinda me contó el resto de su vida.

– Cuando volví de Francia, a mediados de 1987, no
sabía muy bien qué hacer. No encontraba trabajo en ninguna galería, en ningún museo..., y para
hacer algo, empecé a trabajar en la recepción del

En una de las tardes que paseamos por esas bellísimas playas de la ciudad, Olinda me contó el resto de su vida.

hotel donde trabajaba mi padre. Para mí, ese trabajo no era muy difícil, lo había visto durante casi toda mi vida, y además hablaba bastante bien inglés y por supuesto francés, más que suficiente para los pocos turistas americanos y europeos que venían al hotel.

– ¿No venían muchos turistas a Colombia?

– No, algunos franceses, alemanes, italianos..., pero ya sabes, desgraciadamente el país tenía mala fama, todavía la tiene, por la **guerrilla** y la pobreza y la inseguridad y esas cosas, y en parte era justificada, yo no digo que no, pero también se exageraba mucho y desde luego, a la gran mayoría de los viajeros no les pasaba nada, a condición de que tomaran algunas medidas de seguridad elementales. Pero ya sabes cómo es la opinión pública. Fíjate, a mí la única vez en la vida que me robaron fue en el metro de París, a la semana de haber llegado, pero no por eso los franceses me parecen todos ladrones. Bueno, como te decía, la mayoría de los clientes del hotel eran hombres de negocios colombianos y de otros países latinoamericanos: muchos venezolanos, ecuatorianos, peruanos, mexicanos...

– Pero así estabas perdiendo la relación con el arte, ¿no?

– Bueno, al comienzo, sí claro, a veces iba a alguna exposición, pero nada más. La verdad es que en aquella época me sentía como desanimada. Y el trabajo en el hotel no es que no me gustara, no, no es eso, me gustaba, era agradable pero le faltaba algo. Y entonces, un día llegó un señor que quería montar una **subasta** de arte colombiano

guerrilla: desde finales de los años 50 hay dos movimientos guerrilleros de extrema izquierda: FARC y ELN. Desde los años 80 también hay grupos de paramilitares de extrema derecha.

subasta: venta pública, por ejemplo de obras de arte, antigüedades, etc.

en el hotel, una especie de exposición que iba a durar una semana, pero no era sólo para mostrar arte, sino también para vender los cuadros, para ayudar a los jóvenes artistas colombianos. El director del hotel me preguntó si yo quería ser la persona de contacto; por supuesto, le contesté que sí. Tenía que ayudar a montar la exposición en uno de los salones más grandes del hotel, recibir a los artistas que venían a traer sus obras, sobre todo cuadros pero también esculturas y algunas instalaciones, también tenía que ayudar al organizador a mandar las invitaciones, organizar la recepción de bienvenida... En fin, todo lo que hay que hacer para montar una exposición de este tipo. Y claro, de esta manera conocí a muchos artistas que antes sólo conocía de nombre y de algunos de ellos me hice bastante amiga. Ya habrá oportunidad de que los conozcas, son todos bellísimas personas.

– Pero seguías en el hotel...

– Seguía en recepción, aunque después empecé a ocuparme también de las relaciones con las agencias de viajes, con las compañías aéreas, los touroperadores..., y entonces tuve otra vez suerte: un buen día, hace ahora 12 ó 13 años, llegó al hotel un francés que resultó ser director de una fundación cultural en Francia, que en aquella época se llamaba: *Fondation pour l'Art du Tiers-Monde*, que significa *Fundación para el Arte del Tercer Mundo*, ay perdona, Martín, tú hablas francés así que no tengo que traducirlo..., bueno, ahora ya no se llama así, hace unos años se dieron cuenta de que lo del "Tercer Mundo" era un poco ofensivo y ahora se llama FANO: *Fundación para el Arte No Occidental.*

— Desde luego, suena mucho mejor...

— Sí, suena mejor, pero tampoco es correcto porque en Colombia somos bastante occidentales, incluso unos ocho mil kilómetros más occidentales que los europeos y seguramente mucho más que los africanos y los orientales, ¿no es cierto?

— Tienes toda la razón, Olinda. Bueno, no sé si *toda*: los japoneses son también bastante occidentales, me parece, no sé, yo nunca he estado en el Japón, pero por lo que he leído... En fin, me estabas hablando de un francés que llegó al hotel...

agregado cultural: funcionario de la Embajada encargado de las relaciones culturales.

— Sí, bueno pues, este señor venía con el **agregado cultural** de la Embajada de Francia, a quien yo ya conocía porque él había estado en la exposición, nos presentó y además me invitó a una comida que iba a organizar para que este señor, Monsieur Ravelêt, el director de esa fundación francesa, conociera a jóvenes artistas colombianos. Bueno, pues, fui a la comida, hablé con él, le conté todo lo que sabía del arte colombiano de ahora y, al parecer, le gustó lo que le conté, porque antes de volver a Francia me pidió un artículo para una revista francesa, *Art Actualité Magazine*. Lo escribí, poco después ese mismo artículo se publicó en portugués en una revista brasileña y así, de manera bastante inesperada, estaba otra vez metida en el mundo del arte.

— Que era lo que realmente querías...

— Sí, claro, trabajar en el hotel era básicamente una forma de ganarme la vida, no olvides que había comprado un apartamento y que tenía que pagar el crédito que me dio el banco, bueno, y también los libros y las revistas y la documentación que necesitaba porque se me ocurrió la infeliz idea de hacer un libro sobre el arte joven de Colombia...

— ¿Por qué dices *infeliz*?, a mí me parece una idea genial...

— Sí, Martín, pero es que no te puedes imaginar cuántos artistas hay en Colombia, bueno, al menos hay mucha gente que *dice* ser artista...

— Eso es igual en todas partes, ¿no?

— Puede ser, pero lo que tengo que hacer es ver si esa persona realmente es un artista o no, si su obra vale la pena, total que llevo no sé cuántos años con ese libro. Lo que pasa también es que tengo menos tiempo para escribir desde que trabajo en el MamBo...

— Me gusta como suena ese nombre, suena a música...

— Cierto, y es más rápido decir *mambo* que *Museo de Arte Moderno de Bogotá*, sobre todo si lo tienes que decir cincuenta veces al día, como yo.

— Sí, oye, y en todo ese tiempo, si me permites la pregunta, no ha habido nadie que... o sea... en fin, que... con quien tú... que tú...

— ¿Qué quieres decir, Martín? ¿A qué te refieres?

— Pues, ya te conté que yo estuve casado, soy viudo y tengo una hija. Tú eres soltera y...

— Sí, pues, no es que no haya habido nadie pero la verdad es que no me apetecía casarme, tener hijos...

— Si te casaras conmigo, tendrías una niña de nueve años de regalo.

— Mira, Martín, vamos a ver primero si Laura quiere que te cases conmigo, o si ella quiere que le den como regalo a una colombiana a quien no conoce, ¿no crees? Deberías pensarlo bien y quizás venir con ella acá a ver qué le parece. ¿O es que quieres que yo viva con ustedes en España?

– Son muchas preguntas, Olinda, y un poco difíciles.

– Vamos a dejarlas de momento, mi amor, y vamos a disfrutar de las playas de Cartagena, ¿no te parece? Mira qué lindo el mar...

3

Por la ventanilla del avión, ya no se ve el sol, sólo una luz que ilumina el mar. Aquí, en el trópico, mucho más cerca del ecuador que en España, oscurece rápido: en menos de media hora será de noche. La última parte del viaje hasta Bogotá, sobre territorio colombiano, la haremos de noche.

Las azafatas reparten unos refrescos y café, con pequeños bocadillos. Decido no despertar a Laura, es mejor que siga durmiendo hasta que lleguemos a Bogotá.

– Señores pasajeros, buenas noches, aquí habla el capitán. En estos momentos, estamos sobrevolando la península de la Guajira, y eso quiere decir que ya estamos entrando en territorio colombiano. Nos falta aproximadamente una hora para llegar a nuestro destino. La temperatura en Bogotá en este momento es de 17 grados centígrados.

Una hora. Eso quiere decir que Olinda en estos momentos debe estar preparándose para salir del apartamento, porque ella necesita también una hora para ir al aeropuerto en carro.

Los tres estamos viajando hacia nuestro punto de encuentro.

Capítulo 7

Eldorado a la vista, 18.35 h., hora local

1

– Señores pasajeros, buenas noches. Como ya habrán notado, hemos iniciado nuestro descenso hacia el aeropuerto de Bogotá. Les rogamos pongan su asiento en posición vertical, con la mesa plegada... *Ladies and gentlemen, as you will have noticed, we just started our descent towards the airport of Bogotá...*

Sí, hemos comenzado a bajar hacia Eldorado, el aeropuerto de Bogotá. Se nota el cambio de presión en los oídos. Laura se ha despertado y le he dado un chicle para que no le molesten los oídos. Ahora falta realmente muy poco tiempo para llegar y empezar nuestra nueva vida. Olinda ya debe estar esperando en el aeropuerto. Cuando el avión gira a la izquierda, veo muchas luces: ahí está la ciudad de Bogotá.

En nuestro viaje anterior, en julio, como no pudimos viajar en un vuelo directo y tuvimos que viajar por Nueva York a Bogotá, llegamos a mediodía. El avión voló por encima de Bogotá porque el aeropuerto está casi dentro de la ciudad y de esa manera le pude enseñar a Laura los puntos más importantes:

– Mira, ésa es la autopista, una calle larguísima que cruza Bogotá de norte a sur..., y mira ese edificio

Colpatria: importante empresa de seguros.

tan alto, es la Torre **Colpatria**, el edificio más alto de la ciudad, y ahí al fondo, ¿ves?, allá arriba en los cerros, ahí está Monserrate, una iglesia muy típica y muy bonita..., y allí está el Parque Nacional..., y el Parque Salitre, ¿lo ves?, es como Disneylandia, solamente que un poco más pequeño..., y ese edificio grande, blanco, es una tienda muy grande que se llama *HomeCenter* donde vamos a comprar los muebles para tu habitación y...

2

Anoche, cuando hablamos por teléfono, Olinda me dijo que su hermano Mauricio iría también al aeropuerto a recibirnos, junto con Gloria, su mujer (no, su mujer no, su *esposa*, ¿cuándo aprenderé a decirlo como lo dicen en Colombia?). Mauricio y Gloria tienen una tienda de electrodomésticos en Bogotá. Este fin de semana van a ayudarnos con la mudanza, el *trasteo*, como dicen en Colombia, con uno de los dos camiones que tienen. Olinda ya pudo vender su apartamento por un buen precio, la semana que viene tiene que entregarlo definitivamente. Vamos a llevar las cosas personales de Olinda a nuestro nuevo apartamento en *Los Geranios*, y algunos muebles, los suficientes para poder sentarnos y dormir. Todo lo que no vamos a usar, se lo llevan Mauricio y Gloria.

Nuestro apartamento ya está pintado, la mayoría de las habitaciones de un color claro, casi blanco, con excepción de la habitación de Laura; ella quería su habitación de color amarillo. Lo pensamos un poco, pero al fin y al cabo es Laura la que tiene que vivir en esa habitación, y no nosotros. Y es un amarillo muy alegre, eso sí.

Las cosas que Laura y yo mandamos desde España, llegaron hace unas semanas y ya nos están esperando: la ropa de Laura y mía, libros, CD, recuerdos y papeles personales y todo lo que voy a necesitar para trabajar aquí: documentación, folletos, catálogos, etc... Todo lo demás es lo que Laura se quería traer, esas cosas que para las niñas son importantes en ciertos momento de su vida y que después dejan de serlo: muñecos y otros juguetes, piedras que recogió en una playa de Valencia donde fuimos de vacaciones hace tres años, un cuaderno con apuntes del colegio, unos dibujos... Y en su mochila, Laura trae unos poemas muy bonitos que le regalaron sus compañeras del colegio en una fiesta de despedida que organizamos hace dos días.

Hace dos días. *Sólo* hace dos días. Es increíble: hoy es viernes y la fiesta fue el miércoles por la tarde pero a mí me parece que esa fiesta no sólo fue en un lugar a muchos kilómetros de aquí, un lugar que antes era nuestra casa, sino también que fue hace muchísimo tiempo, un pasado lejano cuando el presente era todavía futuro.

3

Desde la ventanilla del avión he visto un edificio grande, muy iluminado y con el logotipo de *Carrefour*, el conocido hipermercado francés. Allí he estado dos veces con Olinda. Hacer la compra es una de las cosas que tendremos que hacer también durante estos primeros días de nuestra vida en común. Como dicen los colombianos: *hacer mercado*. Pues, en este caso vamos a hacer *hiper*mercado porque en Bogotá es muy cómodo comprar en alguno de los grandes hipermercados; son muy bonitos y hay una enorme cantidad de artículos.

Uno de los hipermercados, como ya he dicho, es *Carrefour*, una empresa francesa que también tiene hipermercados en España. En Valladolid yo iba cada principio de mes a hacer la compra grande en el *Carrefour*, que está en la carretera de Tordesillas.

Otro supermercado es el *Makro*, que no está muy lejos de donde ahora vive todavía Olinda, al lado de la autopista, más o menos a la altura de la calle 190. Es bueno también, y tiene a veces ofertas muy interesantes aunque no tiene siempre las mismas cosas que *Carrefour*. Luego hay otros como *Carulla, Olímpica, Ley, Pomona...*, todos son buenos, algunos más baratos, otros más caros, pero el que más me ha gustado es un hipermercado que se llama *Éxito*. Es agradable hacer mercado allí: hay espacio para los carritos, el personal es muy amable y tienen productos muy buenos.

En el viaje que hicimos Laura y yo en julio, Olinda nos llevó a *Éxito*, sobre todo para que Laura viera que en Colombia tienen casi todo lo que hay en los hipermercados españoles y además otras cosas que allá no hay.

— Olinda, ¿qué es eso? ¿Pan? ¿Crepes?

— No, **mijita**, eso son arepas. Se hacen con maíz y se comen calientes, con quesito, por ejemplo. Esta noche las voy a preparar con un huevo frito dentro, así las preparan en la costa, ya verás que quedan riquísimas, y para tomar preparé chocolate, es igual de rico que el chocolate español, te voy a enseñar cómo se prepara, ¿OK?

Y así vimos muchas cosas que se parecen a productos españoles pero que son un poco diferentes o simplemente llevan un nombre diferente: un bizcocho que se llama *ponqué*; una cosa que se llama *arequipe* pe-

mijita: mi hijita, forma afectuosa de dirigirse a una mujer.

ro que ahora no recuerdo qué lleva; otra cosa que se llama bocadillo pero que no es un pan con algo dentro, como el bocadillo español, porque eso en Colombia se llama un sándwich, y esto es un producto de fruta con azúcar..., y otras muchas cosas que se usan para preparar unos platos riquísimos con nombres tan extraños como **ajiaco**, **mute**, etc.

ajiaco y mute: sopas con muchos ingredientes distintos: pollo, carne, verduras, legumbres, arroz...

Tanto hablar de comida..., empiezo a tener hambre, porque apenas si he comido. La comida de los aviones no me gusta mucho. Todavía falta bastante tiempo para que podamos comer algo de verdad, habrá que esperar hasta que lleguemos a casa de Olinda.

4

Hace menos de un año, en diciembre del año pasado, cuando le conté a Tomás, mi socio en *Pisuerga S.L.*, que durante la época de Navidad pensaba ir a visitar a Olinda en Bogotá, se rió y después me habló como sólo Tomás sabe hacer, saltando de una cosa a otra y al final ni él se acuerda de qué empezó a hablar.

– Datos, querido socio, primero quiero datos concretos. ¿Cómo se llama exactamente, a qué se dedica, cuántos años tiene, qué sabes de su familia y por qué..., todo eso y mucho más. Te conozco, Martín, llevamos diez años trabajando juntos y hemos compartido muchas cosas: muchas alegrías, algunas penas, una pena muy grande también, tú y yo sabemos de qué te estoy hablando. Ahora bien, compréndeme, yo, por supuesto, quiero que pases una feliz Navidad en Colombia, mejor dicho, deseo que pases la mejor Navidad de tu vida, ya es hora de que salgas otra vez, de que te vuelvas a enamorar, eso no es malo, todo lo contrario, es bueno, buenísimo y además no engorda. Bueno, tú no tienes ese problema. Pero escúchame una cosa, Martín, cuando te casaste, hace algo más de diez años, estabas trabajando en un banco, ¿verdad?, tenías un puesto fijo aunque ya, tú y yo, entre los dos, habíamos hecho planes para montar una empresa que luego sería *Pisuerga S.L.*, además, y debes tenerlo en cuenta: no tenías una hija de nueve años y ahora sí, y otra cosa, por mí no tienes que quedarte en Valladolid o en España, aunque yo prefiero que te quedes aquí, al fin y al cabo somos socios y no me gustaría quedarme aquí como único socio, eso además es imposible, creo yo, para asociarse tiene que haber por lo menos dos personas, dos socios, ¿verdad?, una persona sola no puede ser socio, o solamente de sí misma... curioso..., bueno, es decir, no sé, Martín, vete, si quieres, ¿no?, y si todo va bien, regresas feliz y te vas otra vez, o no, como quieras; y después ella, si puede y si quiere, se viene otra vez a España, o no, yo qué sé, al final todo depende de todo, pero lo más importante es que seas feliz y que Laura tenga una amiga adulta para comentar esas cosas que parece que sólo se comentan entre mujeres, no, no digas nada, te conozco, no protestes, que ya sé que tú eres un padre moderno, mejor dicho, eso es lo que tú crees, tú crees que eres un padre moderno pero, ¡cuidado!, los tiempos cambian y los niños también y lo que para ti es moderno para Laura quizás ya no lo sea, de todas maneras, dentro de tres o cuatro años todo lo moderno de ahora ya será anticuado, para ti y para Laura, ehhh, ¿de qué estábamos hablando?

5

Eso y mucho más me dijo Tomás, en aquella ocasión y en otras muchas ocasiones. No sabíamos entonces que hoy, seis de noviembre a las 18.35 de la tarde, Laura y yo estaríamos aquí, acercándonos al aeropuerto de Bogotá.

Laura y yo nos miramos como nos miramos esta mañana en el tren, cuando estábamos saliendo de Valladolid. Entonces, nos miramos porque nuestro viaje acababa de empezar, ahora nos miramos porque nuestro viaje está a punto de terminar.

Se oye cómo las ruedas salen por debajo del avión, hay un ligero movimiento que indica: ahora falta poco, la pista está a la vista, aquí termina este viaje "por el aire" y empieza otro capítulo de nuestra vida.

Capítulo 8

Salida del aeropuerto de Eldorado, Bogotá, 19.10 h.

1

Exactamente a la hora prevista, las siete menos veinte de la tarde, hemos aterrizado en el aeropuerto de Eldorado. Después, el avión se ha dirigido a la terminal y, una vez que se ha parado, se han abierto las puertas.

Siempre que un avión llega a su destino, aterriza sin problemas, se detiene en la terminal y se abren las puertas, los pasajeros parecen ponerse alegres, se sienten como aliviados y de repente les entran las prisas: se levantan todos al mismo tiempo, conectan sus teléfonos móviles (sus *celulares* como dicen en Colombia), empiezan a recoger sus objetos personales, se ponen el abrigo, sacan el equipaje del maletero y muchas veces parece que todos quieren salir del avión al mismo tiempo; por eso se forman trancones en el pasillo. Yo creo que eso es porque todos los seres humanos tenemos miedo a volar; por lo tanto, una vez que hemos llegado y ya podemos salir del avión, queremos hacerlo cuanto antes. Decididamente, los hombres no hemos nacido para volar... Por otro lado, pienso en los emigrantes de hace cien años, compatriotas míos que se iban a Argentina, Uruguay, Brasil, Chile. Se pasaban semanas enteras encerrados en un barco, mareados y con mucho frío cuando hacía mal tiempo y exhaustos cuando hacía calor al pasar el ecuador.

Decididamente, los hombres no hemos nacido para navegar...

– Ven, papi, rápido.

Laura ha aprendido pronto, ya sabe cómo salir de un avión. Tenemos suerte, esta vez, porque hemos viajado en unos asientos cerca de la puerta de salida y somos casi los primeros en salir. Esta vez no salimos rápido por el miedo de volar o por la angustia de estar encerrados en un avión, sino porque queremos pasar cuanto antes por la aduana, recoger nuestro equipaje y encontrarnos con Olinda.

2

Ahora que hemos llegado a Bogotá, todo será rápido, espero, porque ha sido un día largo: nos hemos levantado supertemprano, nos hemos despedido de mi madre y de nuestros amigos, hemos hecho un viaje en tren, después en taxi, luego hemos viajado diez horas en avión y todavía no ha terminado el viaje: tendremos que ir a casa de Olinda y, por supuesto, todavía hay mucho de qué hablar. Y además tengo que escribir correos electrónicos a mi madre, a Tomás e Isabel, a Elsa y Jordi, para decirles que hemos llegado bien. Parece que hace siglos que hablamos con ellos, pero sólo fue ¡esta mañana! Cuando lleguemos a casa de Olinda, serán aproximadamente las ocho de la tarde, es decir, las dos de la mañana en España. Estoy seguro de que mi madre estará levantada todavía, esperando que le escribamos. Incluso es posible que tenga el *messenger* conectado.

Tomás también estará levantado, él siempre se acuesta muy tarde y también suele levantarse tarde. Lo que no sé es si se levanta tarde porque se acuesta tarde, o si se acuesta tarde porque no tiene sueño después de haberse levantado tarde. Al principio, cuando recién habíamos montado nuestra empresa *Pisuerga S.L.*, eso me molestaba un poco, pero después, cuando vi que Tomás traía muchas cosas hechas e informes escritos la noche anterior cuando llegaba a la oficina a las diez o diez y media de la mañana, me dejó de preocupar. Un día, cuando yo ya había decidido irme a Colombia, estuvimos hablando de la diferencia de horarios y de qué manera nos íbamos a comunicar.

– Hay seis horas de diferencia, siete horas cuando aquí en España tenemos horario de verano –dijo Tomás–, eso quiere decir que podemos tener reuniones por *messenger* o incluso por videoconferencia a las once de la noche de aquí: como a ti te gusta madrugar, pues, te levantas a las cinco y así podemos conversar tranquilamente...

– Tomás, ¿no te das cuenta que aquí en Valladolid no tenemos equipo para videoconferencia y que yo, de momento, en nuestra casa en Bogotá, tampoco lo voy a tener?

– Eso no importa, socio, eso sólo es un inconveniente momentáneo, miremos hacia el futuro: yo estoy convencido de que en menos de seis meses, pongamos, o si quieres, un año, los negocios irán tan fenomenales que no tendrás más remedio que poner una oficina allá en, cómo lo llaman, el **Centro Internacional**, ¿verdad?, sí, socio, ahora me miras y te preguntas cómo lo sé, pues, mira, yo no soy tan tonto como parezco, como tú bien sabes, antes de hablar de *Pisuerga Import & Export* y desde luego muchísimo antes de tomar la decisión, yo ya me había pasado horas en Internet buscando todo sobre Colombia y sobre Bogotá,

Centro Internacional: barrio cerca del centro de Bogotá donde hay gran concentración de bancos, empresas y organismos oficiales.

de ahí que yo te pueda contar de todo, socio, absolutamente de todo, sobre esa magnífica ciudad y sobre todas las posibilidades de importación y exportación. ¿Sabes que ya tengo muchas ganas de ir a visitarte?

3

Hemos salido rápidos del avión y somos casi los primeros en llegar a la aduana, donde van a controlar nuestros pasaportes. Mejor dicho, el mío, porque Laura todavía no tiene, ella está inscrita en mi pasaporte. Ya es la cuarta vez que paso por la aduana en este aeropuerto. Las tres veces anteriores, en Navidad del año pasado y en marzo y julio de este año, entré como turista y me pusieron un sello de entrada en el pasaporte, y un sello de salida al salir, claro. Pero ahora Laura y yo venimos con una *visa*, un *visado* en España, especial. En la visa pone que yo, Martín Samaniego Higuera, acompañado de mi hija Laura Elvira Samaniego Franciulli, vengo aquí a Colombia a casarme con Olinda Poveda Hoyos, que tengo permiso de establecerme aquí y que tengo que pedir un documento de identidad al **DAS** dentro de los dos próximos meses. Y Laura, por supuesto, como hija mía, tiene la misma visa.

DAS: Departamento Administrativo de Seguridad, organismo oficial que se ocupa, entre otras cosas, de expedir los documentos de identidad.

4

Ya hemos pasado por el control de pasaportes. Tenemos un sello muy bonito en mi pasaporte que dice que hemos ingresado en el país a las 19.01 horas del día seis de noviembre. Ahora, sólo falta la inspección de nuestras maletas en la aduana. Ya se ha formado una pequeña cola y tenemos que esperar unos minutos.

Podemos ver que afuera, al otro lado de la puerta de salida, hay mucha gente esperando a los pasajeros. Ahí debe estar Olinda también. Pero ya es de noche y como hay muchísima gente, desde aquí, a través de la puerta, no la puedo ver. Pero seguro que está allí.

Ya están controlando nuestras maletas. El policía les echa una mirada rápida y ve que no llevamos nada especial.

– Sigan, por favor –nos dice el policía.

Cerramos otra vez las maletas.

– Vamos, *cowboy* –le digo a Laura–, ya hemos llegado. Estamos en Colombia.

– OK, *sheriff*, vamos a ver si ha venido Olinda.

Cogemos las maletas. Se abre la puerta de salida. Salimos del edificio del aeropuerto.

Aquí, ahora, definitivamente, empieza nuestra nueva vida.

EXPLOTACIÓN DIDÁCTICA
EJERCICIOS PARA EL ALUMNO

Lecturas de Español es una colección de historias breves especialmente pensadas para los estudiantes de español como lengua extranjera. Los cuentos han sido escritos, teniendo en cuenta, básica pero no únicamente, una progresión gramático-funcional secuenciada en seis etapas, de las cuales las dos primeras corresponderían a un nivel inicial de aprendizaje, las dos segundas a un nivel intermedio, y las dos últimas al nivel superior. Como resultado de la mencionada secuenciación, el estudiante puede tener contacto con textos escritos "complejos" ya desde los primeros momentos del aprendizaje y puede hacer un seguimiento más puntual de sus progresos.

Las aportaciones didácticas de **Lecturas de Español** son fundamentalmente dos:

- notas léxicas y culturales al margen, que permiten al alumno acceder, de forma inmediata, a la información necesaria para una comprensión más exacta del texto.

- explotaciones didácticas amplias y variadas que no se limiten a un aprovechamiento meramente instrumental del texto, sino que vayan más allá de los clásicos ejercicios de "comprensión lectora", y que permitan ejercitar tanto otras destrezas como también cuestiones puntuales de gramática y léxico. El tipo de ejercicios que aparecen en las explotaciones permite asimismo llevar este material al aula ampliando, de esa manera, el número de materiales complementarios que el profesor puede incorporar a a sus clases.

Con respecto a los autores, hemos querido contar con narradores capaces de elaborar historias atractivas, pero que además sean –condición casi indispensable– expertos profesores de E/LE, para que estén más sensibilizados con el tipo de problemas con que se enfrenta un estudiante de español como lengua extranjera.

Las narraciones, que no se inscriben dentro de un mismo "género literario", nunca son **adaptaciones** de obras, sino **originales** creados *ex profeso* para el fin que persiguen, y en ellas se ha intentado conjugar tanto amenidad como valor didáctico, todo ello teniendo siempre presente al lector, una persona joven o adulta con intereses variados.

PRIMERA PARTE
Comprensión lectora

1. **A continuación hay breves resúmenes de los ocho capítulos, pero en cada uno faltan algunas palabras. Si has leído detenidamente los capítulos, no te resultará difícil completar los resúmenes.**

   1. Martín Samaniego y su hija Laura están en la .... de Valladolid, capital de ...., esperando el tren de las 08.46 h. con destino a .... Martín reflexiona sobre este .... día en su vida y en la de Laura. Hoy, emigran a .... donde Martín se va a casar con Olinda .... Las personas que han venido a despedirse son la .... de Martín; su ...., Tomás y la mujer de éste, Isabel; y Elsa, una ...., con su hijo Jordi. Martín habla también de los nombres y .... en España y en Colombia. Comienza a contar cómo conoció a Olinda, pero no cuenta toda la historia. Después de parar en la estación de ...., el tren pasa por .... y llega a Madrid.

   2. Martín y Laura llegan a la estación de .... a las 11.28 h. de la mañana. Martín tiene ganas de tomar un .... antes de ir al aeropuerto, pero Laura no quiere tomar nada y dice que prefiere ir directamente a .... Martín nos cuenta que él y Laura muchas veces se llaman .... y ...., por una película que Laura vio hace unos dos años. Cuando van en taxi al aeropuerto, resulta que hay un .... en la autopista. Mientras están esperando, Martín habla del barrio donde van a vivir. Se llama .... Es un ...., donde hay de todo: vigilantes privados, tiendas, un .... para hacer deporte... Martín, que a veces es un pequeño filósofo, también piensa en la diferencia entre el .... y los otros días de la semana. Cuando llegan al aeropuerto, las formalidades son rápidas: a las 12.55 h. ya están en la .... del aeropuerto.

   3. Martín y Laura están esperando hasta que salga su vuelo de la compañía .... a las 14.10 h. Mientras, pasean por la zona de tiendas del aeropuerto y Martín le compra a Laura un .... muy especial. Martín explica cosas sobre el .... de Bogotá y sobre el apartamento que Olinda y él han comprado. Describe en qué parte de

la ciudad está situado y habla de las distintas ...., como la cocina, el salón-comedor, los ...., el estudio... Laura pregunta a su padre cómo conoció a Olinda. Él le cuenta que se encontraron en un .... donde ella estaba con Rosa, una amiga de Martín, que se gustaron desde el .... y que estuvieron hablando bastante tiempo. Pero Olinda, que sólo estaba de visita en Valladolid, tenía que marcharse por la noche a .... porque al día siguiente tenía que irse a .... De repente, cuando están hablando así, Martín y Laura se dan cuenta de que tienen que correr para no perder su ....

4. Martín y Laura están en el avión, a punto de .... hacia Colombia para empezar una nueva vida, una nueva familia. Martín habla también sobre la vida anterior: cuenta la historia de la familia de la .... de Laura. Ella, Graciela, era española pero descendiente de una familia .... que había llegado a España en .... El abuelo de Graciela vivió primero en ...., pero después se fue a trabajar a una confitería de nombre .... en Valladolid. Su hijo Enrique, el papá de Graciela, nació en 1939 y se casó en el año .... con Elvira Mateo, la futura mamá de Graciela. Graciela .... en un accidente de tráfico hace 5 años. Martín también habla de su propia vida. Él nació en ...., aunque su madre había nacido en Francia, hija de emigrantes. Estudió economía y trabajó unos años en un .... Después, tuvo la oportunidad de ir a .... Estuvo un año en el extranjero y poco después de volver a España, en un viaje en ...., conoció a Graciela.

5. Durante las primera hora del vuelo, Martín se dedica a sus reflexiones sobre temas como el ...., la comida de los aviones o el valor del .... Después, cuenta la historia que le contó Olinda durante su primer encuentro en Valladolid. Olinda nació en ...., porque su padre trabajaba en el hotel Monterrey de esa ciudad. Después, a la edad de .... años, se fue con sus padres a Bogotá. Su padre quería trabajar en un hotel de la capital y a su madre no le gustaba el .... de la costa del Caribe. Olinda estudió en un colegio .... e hizo un intercambio de algunos meses con un colegio de la ciudad francesa de Tours. Estudió .... e hizo una maestría en París. Después de relatar esta historia, Martín se queda dormido.

6. Cuando Martín se despierta, ya son aproximadamente las .... de la tarde, hora local, y el avión está sobrevolando el mar ....

Laura también se despierta, pero se queda dormida enseguida otra vez. Martín se acuerda de un .... que hizo con Olinda a Cartagena. Allá, ella le contó el resto de la historia de su vida. Dice que, al volver de Francia, no encontraba .... en su especialidad y que por eso empezó a trabajar en el .... donde trabajaba su padre. No se relacionaba mucho con el mundo el arte, pero en una ocasión pudo ayudar a montar una .... de arte en el hotel y, en otra ocasión, conoció a un francés que representaba una .... de ese país. Él le invitó a escribir un artículo sobre el arte colombiano. Además, Olinda había empezado a escribir un .... sobre ese tema. Martín también recuerda que hablaron de la posibilidad de .... y de lo que Laura pensaría de eso. Al final del capítulo, el .... comunica la situación del avión y el tiempo que falta para llegar.

7. Cuando el avión se acerca a Bogotá, Martín recuerda que, en su viaje anterior, le enseñó a Laura por la ventanilla algunos .... importantes de Bogotá: una torre, una iglesia, un parque de diversiones... En esa ocasión, también conocieron *Éxito*, un .... colombiano y algunos productos .... del país, como arepas, arequipe, ponqué, ajiaco o mute. Martín se acuerda también de una conversación con su socio Tomás, hace casi un año, en la que éste le dijo que le deseaba mucha .... porque se lo merecía. Tomás habló de otras muchas cosas pero, como es una persona un poco desordenada, no todo tenía que ver con el .... El avión está a punto de aterrizar.

8. Martín y Laura han aterrizado en ...., el aeropuerto de Bogotá, a la hora prevista. Mientras esperan para salir del avión, Martín se acuerda de su madre y de .... que, posiblemente, todavía estén levantados. Pasan por el control de .... donde les ponen un sello en la .... que dice que en el plazo de dos meses tendrán que pedir el documento de .... Después de recoger el equipaje, pasan por la .... y salen al exterior donde está esperando Olinda y empieza su .... vida.

2. **Haz un resumen general de toda la historia señalando los momentos que consideras más importantes. Intercambia tu resumen con uno de tus compañeros y comentad los puntos de coincidencia y de desencuentro. Intentad llegar a un único resumen final.**

SEGUNDA PARTE
Gramática y notas

1. **En este fragmento, faltan algunas formas del pretérito indefinido de los verbos entre paréntesis. Para empezar, lee y completa el texto.**

Laura, ya lo he contado, tiene ahora nueve años. Su madre, Graciela, mi primera mujer (bueno, mi primera esposa) era de Valladolid, como yo, aunque ella pertenecía a una familia italiana que (emigrar) 1. .... de Italia a España en 1931. Sus abuelos paternos, Enrico y Graziella Franciulli, estaban en contra del régimen fascista de Musssolini. A finales de 1931, cuando en España ya existía la Segunda República, ellos (huir) 2. .... de Turín y (establecerse) 3. .... en Barcelona. Tenían la intención de trabajar y ahorrar dinero para comprar un pasaje de barco a Argentina, donde tenían familiares que habían emigrado a ese país hacía ya muchos años. Pero poco después de llegar a Barcelona, cuando el abuelo de Graciela estaba trabajando en un mercado de frutas y verduras, un compañero suyo le (contar) 4. .... que en Valladolid había trabajo en una confitería de nombre *Helios*. Enrico, el abuelo de Graciela, había sido pastelero en Turín y cuando (enterarse) 5. .... de la noticia, (irse) 6. .... con su mujer a Valladolid.

Ahora, consulta tu libro de texto y comprueba si las explicaciones que da sobre el pretérito indefinido, son aplicables a estos casos.

2. **En el siguiente fragmento, faltan formas del pretérito imperfecto. Lee y completa el texto.**

– Tu abuela –me (contar) 1. .... mi madre cuando yo (ser) 2. .... joven– no (querer) 3. .... vivir en la España de Franco, y lo que ella no (querer) 4. .... en absoluto (ser) 5. .... que sus hijos vivieran en un país con un gobierno de ese tipo. Lo que ella no (saber) 6. ...., naturalmente, en febrero de

1939, cuando huyeron a Francia, (ser) 7. .... que, apenas un año más tarde, estarían en medio de otra guerra, no menos horrible, la Segunda Guerra Mundial. Pero la abuela siempre (decir) 8. .... que (preferir) 9. .... vivir en un país extranjero ocupado por extranjeros a vivir en su propio país ocupado por sus propios enemigos. Y al final, cuando se murió Franco, en 1975, ella ya no quiso volver a España, (sentirse) 10. .... más francesa que yo. Y eso que yo me había criado en Francia y cuando llegué por primera vez a España, (hablar) 11. .... el español muy mal.

Ahora, consulta tu libro de texto y comprueba si las explicaciones que da sobre el pretérito imperfecto, son aplicables a estos casos.

3. En los diálogos, hay muchas expresiones frecuentes en el lenguaje hablado. Aquí tienes las más frecuentes. ¿Sabes para qué sirven? Si no, búscalas en los diálogos.

• Ah sí...	• ¿Sabes qué?
• Bueno, ...	• Dime...
• O sea, ...	• Oye...
• De acuerdo...	• A ver...
• ¿Qué quieres decir?	• Huy sí...
• Escúchame...	• Mira, ...
• ¿No?	

4. Para trasladarse a Bogotá, Martín y su hija habrán tenido que hacer una mudanza. Imagina que eres tú quien se tiene que mudar y que tienes que hacer una lista con todos los objetos de la mudanza. Contrástala después con la de tus compañeros. ¿En qué tipo de cosas no coinciden vuestras respectivas mudanzas?

TERCERA PARTE
Expresión escrita

1. **Imagina que la madre de Martín le escribe una carta a una amiga con la que no tiene contacto desde hace mucho tiempo y le cuenta la historia de su hijo ¿Cómo podría resumir lo que le pasó a Martín? La historia podría empezar así:**

   "Pues mira, en septiembre del año pasado, Martín conoció aquí en Valladolid a una colombiana que _____

   _____

   _____ *"*

2. **Olinda ha recuperado el contacto con su mejor amiga de infancia en Cartagena. Ha decidido escribirle un correo electrónico para contarle lo que le ha pasado durante el último año. Empieza así:**

   "Hola Ligia, ¿cómo te va la vida? Hace muchísimo tiempo que no sé de ti. En mi vida han cambiado algunas cosas. Siéntate, porque te voy a contar una gran noticia, ¿estás preparada? Pues, ahí va: _____

   _____

   _____

   _____

   _____

   _____ *"*

   _____

3. Martín y su hija se han despedido de mucha gente antes de salir para Bogotá, pero de otros muchos no han podido hacerlo. Imagina la carta que ha escrito Laura para que la maestra se la lea a todos sus compañeros de clase.

_____

_____

_____

_____

_____

_____

4. Laura decide empezar a llevar un diario desde el momento en que sale de Valladolid. Teniendo en cuenta la historia que has leído –puedes aportar nueva información– imagina qué dirá el primer día de Laura en su diario.

_____

_____

_____

_____

_____

_____

_____

_____

_____

_____

CUARTA PARTE
Expresión oral

1. La decisión que toma Martín es una decisión importante motivada por el amor. A menudo, sin embargo, es el trabajo el que suele estar detrás de la decisión de trasladarse de una ciudad a otra o de un país a otro. Comenta con tus compañeros lo que piensas sobre la emigración de tipo laboral. ¿Crees que es inevitable?

2. Hay algunas palabras que se han hecho tristemente famosas en los últimos tiempos: "patera", "cayuco", ... Hacen referencia al tipo de embarcaciones que utilizan ciertos inmigrantes magrebíes o subsaharianos para alcanzar las costas españolas en busca de un vida mejor. Martín emigra con la vida más o menos solucionada, pero no todas las personas tienen una situación tan cómoda. Lee el texto que tienes a continuación y después comenta con tus compañeros qué opinas sobre el tema:

Los sueños reiterados de una patera

Sandra Carretero.- Un pasaje en una patera puede cambiar su suerte o traerles más desgracias. Muchos inmigrantes deciden jugarse sus vidas en busca de un futuro mejor con la intención de llegar a España. Después ya verán cómo logran un trabajo o alcanzar la frontera francesa.

Esa es la realidad de muchos seres humanos que consiguen juntar una considerable suma de dinero para llegar a Marruecos y de ahí a España, ya sea en patera o saltando la fronteriza valla para llegar a Ceuta o Melilla. Arriesgan sus vidas y en demasiados momentos llegan a estar más cerca de la muerte que de su ansiado sueño de entrar en Europa, donde creen que tendrán un futuro y conseguirán reunir dinero suficiente para enviar a sus familias o traerlas al primer mundo.

Los sin papeles cada vez son más jóvenes, más niños, más mujeres con bebés o embarazadas que saben que si sus hijos nacen en España conseguirán la nacionalidad. Los niños, o no tan niños, deciden mentir sobre su edad porque saben que es más fácil quedarse pero desconocen que les harán un análisis oseométrico para averiguar cuantas primaveras llevan en este mundo.

Desde septiembre han entrado más de 2034 inmigrantes en patera por las costas españolas, y aunque las cifras deberían haber descendido con la entrada del frío otoño, no ha sido así. Las temperaturas han ayudado a no congelar el ánimo de los inmigrantes para pagar un hueco en una patera cargada de personas sin pasaporte con muchas ilusiones puestas en una vida mejor. Hasta el 31 de agosto de este año, en el 2005 habían entrado en España por las costas un total de 4042 inmigrantes, según el Gobierno. Lo normal es que los inmigrantes en patera procedan de Marrue-cos pero en el último año han crecido los argelinos, palestinos o pakistaníes que tratan de cruzar la frontera.

Sólo este último fin de semana han entrado tres pateras por las costas andaluzas cargadas con 95 vidas. Dos de las embarcaciones, con 64 inmigrantes a bordo, llegaron a la Isla de Alborán, donde se juntaron con más personas que habían entrado en España de manera ilegal. Sólo de jueves a domingo, 140 inmigrantes han tocado la costa en seis pateras distintas. Los inmigrantes interceptados se encuentran bajo la protección de la Guardia Civil y de los servicios de asistencia a la espera de ser repatriados.

La Semana.es

3. **¿Qué cosas de la historia te parecen verosímiles y cuáles no? Coméntalo con tus compañeros.**

SOLUCIONES

Antes de empezar a leer

Soluciones

1. **1.** *Castilla-León;* **2.** *Madrid;* **3.** *Andalucía;* **4.** *Cataluña;* **5.** *Aragón;* **6.** *Comunidad Valenciana;* **7.** *País Vasco.*

2. **1.** *V;* **2.** *F;* **3.** *F;* **4.** *V;* **5.** *F;* **6.** *V.*

3. *2 / 2 / 1.*

Párate un momento

Soluciones

3. *computador > ordenador; trancón > atasco; tapete > moqueta; carro > coche; tinto > café; china > niña; esposa > mujer; cuadra > manzana.*

4. **a)** *G;* **b)** *O;* **c)** *M;* **d)** *L;* **e)** *G;* **f)** *M;* **g)** *L;* **h)** *M;* **i)** *O.*

Comprensión lectora

Soluciones

1. *estación, Castilla-León, Madrid, gran, Colombia, Poveda, madre, socio, amiga, apellidos, Ávila, El Escorial.*

2. *Madrid-Chamartín, café, Barajas, cowboy, sheriff, atasco, Los Geranios, conjunto cerrado, gimnasio, domingo, zona de pasajeros.*

3. *Avianca, reloj, clima, habitaciones, dormitorios, restaurante, principio, Madrid, Valencia, vuelo.*

4. *despegar, madre, italiana, 1931, Barcelona, Helios, 1960, murió, Valladolid, banco, Berlín, tren.*

5. *tiempo, dinero, Cartagena de Indias, seis, calor, francés, Historia del Arte.*

6. *cinco, Caribe, viaje, trabajo, hotel, subasta, fundación, libro, casarse, capitán.*

7. *edificios, hipermercado, típicos, felicidad, viaje.*

8. *Eldorado, Tomás, pasaportes, visa, identidad, aduana, nueva.*

Gramática y notas

Soluciones

1. *emigró, huyeron, se establecieron, contó, se enteró, se fue.*

2. *contaba, era, quería, quería, era, sabía, era, decía, prefería, se sentía, hablaba.*

3. Estas son algunas de las maneras en las que funcionan estas expresiones. *¡Siempre hay que estar muy atento al contexto en el que se utilizan!*

- **Ah sí:** cuando te acuerdas de algo que habías olvidado o cuando de repente comprendes algo que no habías comprendido.

- **Bueno,...** : sirve para muchas cosas, como retomar la historia después de una interrupción, para matizar, para hacer tiempo antes de seguir hablando o dar una respuesta...

- **O sea:** para introducir una conclusión.

- **De acuerdo:** para decir que compartes la opinión de la otra persona.

- **¿Qué quieres decir?:** para preguntar por una explicación de lo que ha dicho la otra persona.

- **Escúchame:** se utiliza para poder explicar algo a un interlocutor que se resiste a creer lo que uno está diciendo.

- **¿no?:** igual que *¿verdad?* sirve para seguir estableciendo el contacto con el interlocutor, pidiéndole que afirme lo dicho (aunque no se suele esperar respuesta verbal).

- **¿Sabes qué?:** pregunta retórica para crear 'suspense'.

- **Dime:** se utiliza para pedir que alguien exprese su opinión o para responder cuando alguien te quiere decir algo y te llama diciendo: oye.

- **Oye:** para llamar la atención del interlocutor.

- **A ver...:** para introducir una explicación de algo que se ha dicho antes o para resumir lo que uno ha entendido de las palabras del interlocutor.

- **Huy sí...:** se utiliza, por ejemplo, para expresar sorpresa o un pequeño susto.

- **Mira...:** entre otras cosas, sirve para introducir una nueva explicación de algo que ya se ha dicho.

TÍTULOS DISPONIBLES

LECTURAS GRADUADAS

E-I Amnesia
José L. Ocasar
ISBN: 84-85789-89-X

E-II Paisaje de otoño
Ana M.ª Carretero
ISBN: 84-89756-83-X

E-II El ascensor
Ana Isabel Blanco
ISBN: 84-89756-24-4

E-I Historia de una distancia
Pablo Daniel González-Cremona
ISBN: 84-89756-38-4

E-I La peña
José Carlos Ortega Moreno
ISBN: 84-95986-05-1

E-II Manuela
Eva García y Flavia Puppo
ISBN: 84-95986-64-7

E-I Carnaval
Ramón Fernández Numen
ISBN: 84-95986-91-4

I-I Muerte entre muñecos
Julio Ruiz
ISBN: 84-89756-70-8

I-I Memorias de septiembre
Susana Grande
ISBN: 84-89756-86-4

I-I La biblioteca
Isabel Marijuán Adrián
ISBN: 84-89756-23-6

I-I Azahar
Jorge Gironés Morcillo
ISBN: 84-89756-39-2

I-II Llegó tarde a la cita
Víctor Benítez Canfranc
ISBN: 84-95986-07-8

I-II En agosto del 77 nacías tú
Pedro García García
ISBN: 84-95986-65-5

I-II Destino Bogotá
Jan Peter Nauta
ISBN: 84-95986-89-2

I-II Las aventuras de Tron
Francisco Casquero Pérez
ISBN: 84-95986-87-6

S-I Los labios de Bárbara
David Carrión
ISBN: 84-85789-91-1

S-II Una música tan triste
José L. Ocasar
ISBN: 84-89756-88-0

S-I El encuentro
Iñaki Tarrés Chamorro
ISBN: 84-89756-25-2

S-I La cucaracha
Raquel Romero Guillemas
ISBN: 84-89756-40-6

S-I Mimos en Madrid
Alicia San Mateo Valdehíta
ISBN: 84-95986-06-X

S-II La última novela
Abel A. Murcia Soriano
ISBN: 84-95986-66-3

S-I A los muertos no les gusta la fotografía
Manuel Rebollar
ISBN: 84-95986-88-4

HISTORIAS DE HISPANOAMÉRICA

E-II Regreso a las raíces
Luz Janeth Ospina
ISBN: 978-84-95986-93-1

E-II Con amor y con palabras
Pedro Rodríguez Valladares
ISBN: 978-84-95986-95-5

E-I Presente perpetuo
Gerardo Beltrán
ISBN: 978-84-9848-035-1

HISTORIAS PARA LEER Y ESCUCHAR (INCLUYE CD)

E-II Manuela
Eva García y Flavia Puppo
ISBN: 84-95986-58-2

I-II En agosto del 77 nacías tú
Pedro García García
ISBN: 84-95986-59-0

S-II La última novela
Abel A. Murcia Soriano
ISBN: 84-95986-60-4

E-I Carnaval
Ramón Fernández Numen
ISBN: 84-95986-92-2

E-II Regreso a las raíces
Luz Janeth Ospina
ISBN: 84-95986-94-9

E-II Con amor y con palabras
Pedro Rodríguez Valladares
ISBN: 84-95986-96-5

S-I A los muertos no les gusta la fotografía
Manuel Rebollar
ISBN: 84-95986-90-6

Niveles:

E-I → Elemental I	I-I → Intermedio I	S-I → Superior I
E-II → Elemental II	I-II → Intermedio II	S-II → Superior II